新时代「强基兴师」丛书

探究与实践

杨明生谈化学教育

杨明生◎著

安徽师范大学出版社
ANHUI NORMAL UNIVERSITY PRESS

·芜湖·

图书在版编目(CIP)数据

探究与实践:杨明生谈化学教育 / 杨明生著. —芜湖:安徽师范大学出版社,2025.1
(新时代"强基兴师"丛书)
ISBN 978-7-5676-6208-7

Ⅰ.①探… Ⅱ.①杨… Ⅲ.①中学化学课—教学研究 Ⅳ.①G633.82

中国国家版本馆CIP数据核字(2023)第183068号

探究与实践:杨明生谈化学教育

杨明生◎著

TANJIU YU SHIJIAN YANG MINGSHENG TAN HUAXUE JIAOYU

策划编辑:吴顺安　　吴毛顺
责任编辑:舒贵波　　　　　　责任校对:吴俊瑶
装帧设计:王晴晴　　汤彬彬　　责任印制:桑国磊
出版发行:安徽师范大学出版社
　　　　　芜湖市北京中路2号安徽师范大学赭山校区　　　邮政编码:241000
网　　址:https://press.ahnu.edu.cn
发 行 部:0553-3883578　5910327　5910310(传真)
印　　刷:江苏凤凰数码印务有限公司
版　　次:2025年1月第1版
印　　次:2025年1月第1次印刷
规　　格:787 mm×1 092 mm　　1/16
印　　张:15.25
字　　数:252千字
书　　号:978-7-5676-6208-7
定　　价:88.00元

内容简介

　　"新时代'强基兴师'丛书"以安徽师范大学"基础教育振兴行动计划"为指引，坚持落实"立德树人"的根本任务，立意高远，目标清晰，特点鲜明。

　　本书分"教师专业发展""化学教育科研""化学课堂教学""化学科学普及"四个模块展开。"教师专业发展"模块，作者结合自身经历讲述"初入教坛""勤奋耕耘""勇于探索"等成长历程，为青年教师的成长指明方向；"化学教育科研""化学课堂教学""化学科学普及"三个模块，辅以经典案例，浅析化学教育的新模式，探究化学教育的新教法，培育学生的化学学科素养，并针对青年教师在教学方面存在的一些共性问题提出建议，勉励青年教师不断进步。

　　本书对提升教师学科教育的认知能力和专业水平，促进中学化学教师专业发展有积极作用。

作者简介

    杨明生，正高级教师，霍邱一中校长，在化学教学一线坚守 30 多年；中国化学会化学教育学科委员会委员，多次担任安徽省高考考试说明解读教师；科研成果获安徽省第八届优秀科研成果一等奖；在《化学教育》《化学教学》《中学化学教学参考》《中学化学》等期刊发表论文 40 余篇。

赓续学脉　强基兴师
擦亮师范教育的育人底色

教育、科技、人才是全面建设社会主义现代化国家的基础性、战略性支撑，建设教育强国是中华民族伟大复兴的基础工程。安徽师范大学在新时期的办学理念上坚持"1234"：一是以实现中华民族伟大复兴为己任；二是尊重科学、尊重知识；三是做好基础与应用、理论与实践、科学与工程的结合；四是人才培养注重服务"四个面向"战略部署。新时代新征程，学校全面实施推进"基础教育振兴"和"学科振兴"两大行动计划，着力提升学校办学综合实力与核心竞争力，奋力在"双一流"建设上实现新突破，全面引领服务安徽基础教育发展，打造基础教育振兴安徽模式。

百年大计，教育为本；教育大计，教师为本。基础教育是人才成长的起点,又是整个教育体系的根基,在国民教育体系中承担着特殊使命,事关国民素质提升,事关人的全面发展,事关社会公平正义。再回母校,我越发深切地意识到提升基础教育的质量、造就一支高素质专业化基础教育教师队伍,对于办好基础教育乃至整个国民教育至关重要。强基兴师,利在当下、功在千秋。

强基兴师,是师范院校的使命。师范教育一直都是安徽师范大学的办学底色,也是办学核心竞争力的关键所在。学校是安徽基础教育的"母机",是强基兴师的主力,要牢牢坚守培养高素质基础教育师资的办学使命,坚决扛起基础教育振兴时代重任,擦亮师范教育的育人底色,努力解决"双减"政策背景下,基础教育优质资源难以满足人民群众需求的难题。我们要为安徽基础教育改革做点事情,务实求真,做好高品质教师培养,全面服务安徽基础教育发展,努力为振兴安徽基础教育作出师大人的贡献。

强基兴师,是创新教育的基石。在中国式现代化进入新征程的今天,强化教育优先发展的战略地位,体现了以创新为核心的教育、科技、人才三大战略的规律性联系。无论是加快建设科技强国,实施创新驱动发展战略,加快实现高水平科技自立自强,积聚力量进行原创性引领性科技攻关,坚决打赢关键核心技术攻坚战,增强自主创新能力,还是建设人才强国,加快建设世界重要人才中心和创新高地,着力形成人才国际竞争的比较优势,基础都在教育。创新的基础教育才能培养创新的人才,而创新人才培养又有赖于高素质专业化创新型教师队伍。因此,学校要从师资队伍建设、人才培养方案、教材教法教案抓起,着力打造优秀教师培养体系和教师终身学习体系,让每个从安徽师大走出的教师乐教善教，成为安徽教育的主力军，推动教育高质量发展。

强基兴师，是教育强国的关键。党的二十大描绘了中国式现代化的宏伟蓝图，亟须进一步形成加快建设高质量教育体系赋能中国式现代化的实践进路，实现中华民族伟大复兴的中国梦。习近平总书记在致清华大学苏世民学者项目启动仪式的贺信中指出，教育决定着人类的今天，也决定着人类的未来。教育兴则国家兴，教育强则国家强。"教育是提高人民综合素质、促进人的全面发展的重要途径，是民族振兴、社会进步的重要基石，是对中华民族伟大复兴具有决定性意义的事业。"由此，我们师大人使命光荣、责任重大，唯有踔厉奋发、笃行不怠，方不负党和人民的信任和重托。

安徽师范大学出版社策划的"新时代'强基兴师'丛书"很好地顺应了学校事业发展上水平、上台阶谋划设计的发展举措——"基础教育振兴行动计划"，立意高远，目标清晰，特点鲜明。

其一，开放性与系统性相结合。"新时代'强基兴师'丛书"是一个开放性的体系，在确保科学性、学术性、可读性的基础上，不断吸纳新理论、新思想的教育论著，推进创新；不断发现有创举、有成效的教育成果，推广运用；不断推荐省内有思想、有成就的学科名师，传经授艺。同时，丛书围绕理论、实践和名师三个系列，将介绍教育理论、推荐教育实践、总结名师经验进行系统性整合，希望可以打造成为安师大出版社教育类图书的品牌。

其二，科学性与前沿性相统一。丛书既有高校教育专家学者的理论研究，也有中学教育名师关于自身成长历程的总结和对教育管理与教育教学的探索,还将总结与推广2022年安徽省基础教育教学特等奖和一等奖的获奖成果,展示这些成果坚持立德树人的价值导向,一切从学生出发,释放学生生命活力和智慧灵性的实践案例,产生激励、引领、推而广之的积极作用。丛书力求展现安徽基础教育前沿成果,宣传安徽名师典型,充分发挥名师效应。

其三,理论性与实践性相呼应。丛书包含两条主线:一是重点展现名师关于教育理论和教育实践的理性思考,体现他们对教育本质的探索和追求;二是展示新时代教育工作者对基础教育改革与发展的新探索和新实践,让教育教学创新成果落地生根。丛书既关注教育教学研究的前沿动态,又贴近中小学教师的工作生活,做到理论与实践相统一,力求建立一套完善的中学学科教师专业发展机制,形成一批可复制、可推广的中学师资队伍建设改革经验,发挥示范引领作用。

这套丛书将为中国教育的高质量发展提供我们安徽的真知灼见,也为安徽师大正在打造的金牌教案、金牌教练、金牌师范生"三金"工程提供鲜活的案例,力争为全国师范教育改革和基础教育振兴提供"参考样板"。

李亚栋

癸卯兔年盛夏于清华园

(李亚栋,中国科学院院士、安徽师范大学校长)

目　录

教师专业发展

■ 化学科学普及

致敬青春：写给未来的名师

每个优秀的人都有一段沉默的时光。那段时光，付出了很多努力却没有结果，我们把它叫做扎根。

竹子用了4年的时间，仅仅露出地面3 cm，从第五年开始，以每天30 cm左右的速度疯狂生长，仅六周的时间就长到了15 m左右。作为刚刚进入工作岗位的青年教师，可能有很长一段难熬的日子，但我们不要担心此时此刻的付出是否能得到回报，所做的事情是否能取得成功，因为这些努力都是为了扎下深深的根。人生一样，多少人，没能熬过那"3 cm"！有些事情不是看到了希望才去坚持，而是坚持了才能看得到希望。

幸福都是奋斗出来的，可以说没有奋斗就没有幸福，但奋斗了，可能需要多种因素才能成就幸福，其最为重要的因素就是勤奋。

第一，坚信勤能改变命运。作为青年教师，既然我们选择了教师这个职业，走上了这个岗位，就要有这份担当，也就要担负起这个岗位应有的责任，勤思、勤学，相信勤能改变命运。

第二，坚信勤能创造奇迹。任何一项工作，只要值得我们去做，而且坚持去做，我们就能在平凡中见证伟大，在平凡中创造奇迹，但这一切都是以勤为前提的。

第三，坚信勤能成就未来。任何一位成功的人，在他们获得成功的光环时，很多人只是在羡慕他们今天的成就，其实他们的成长历程充满了坎坷。大家一定要坚信，幸福都是奋斗出来的，再精彩的人生都是勤勉换来的，而且这样的勤勉不是一时一日的，而要靠长期去坚持。

青年人的成长，很大程度上取决于"机遇"。很多人都在抱怨，我如此优秀，总是没有人给我机遇。其实，这里我要告诉广大青年教师，机遇不是别人给的，机遇是我们自己创造的。

我们经常听到这么一句俗语"谋事在人，成事在天"，说的是凡事要取得成功，取决于两个方面：一是要有谋事的人，二是要有成事的天；首先在谋事的"人"，关键还要靠成事的"天"。其实，这句话并不完全正确，谋事在人，成事在天，成事也在人。

"谋事在人"，大到国家大事，小到家务琐事，都要有人谋。人在其位，就要谋其事。领导干部就要谋富民强国之事，广大人民群众就要谋民族振兴之事，人民警察就要谋长治久安之事，教育工作者就要谋素质教育之事、谋教书育人之事，所有共产党人都要谋广大人民群众根本利益之事。谋事要谋可能之事，不能谋异想天开之事。

成事在天，成事也在人。所谓"天"就是机遇，没有机遇，谋事的人再能谋，也不可能成事；有成事的机遇，该谋事的人不谋事，或谋事的人谋不逢时，也不可能成事；不脚踏实地地干，积极做好成事的准备，机遇来了，不是手忙脚乱，就是错失机遇。因此，成事在天，成事也在人，要做成事之人，不做败事之徒。谋事在人，成事在天，重在"谋"，关键在"天"，既要做谋事之人，也要做成事之事、做成事之人。当然，人谋事也好，天成事也好，没有付出，没有成事的基本条件，再会"谋"，"天"再好，也只能望"天"兴叹！青年人何不抓紧时间去"谋"事呢，临时"谋"是来不及的，有的事需要提前几年去"谋"。

习近平总书记对广大教师提出了殷切希望，要求广大教师要做新时代"四有"好老师，即有理想信念，有道德情操，有扎实学识，有仁爱之心。

还要做"四个引路人"，即广大教师要做学生锤炼品格的引路人，做学生学习知识的引路人，做学生创新思维的引路人，做学生奉献祖国的引路人。还要做到"四个相统一"，即坚持教书和育人相统一，坚持言传和身教相统一，坚持潜心问道和关注社会相统一，坚持学术自由和学术规范相统一。习近平总书记还指出："一个人遇到好老师是人生的幸运，一个学校拥有好老师是学校的光荣，一个民族源源不断涌现出一批又一批好老师则是民族的希望。"

孩子的成长需要好老师，教育的兴旺和民族的希望需要好老师，学校的可持续发展需要好老师，而且是一批好老师。青年教师在追求自我提升的同时，也为学校的发展作出了巨大的贡献。我们不愿意看到任何一位青年教师落伍、掉队，为此，我们对青年教师提出以下十点希望。

1.树立自信

青年教师走上新的工作岗位或步入新的学校，一定要树立自信。自信是我们取得成绩的前提，也是我们战胜困难的保证，更是我们立于新的环境的心理基础。青年教师缺少的只是教学经验，但更多的是拥有热情、干劲、功夫和时间，只要树立了信心、树立"我能、我行"的意识，就能把当前工作干好，干出色。

2.严于律己

步入新的岗位，是人生一个重要阶段的开始，要开好头，起好步，最为关键的是要对自己严格要求。一方面作为新教师、年轻教师，要从严要求自己；另一方面，我们是教师，要用师德严格规范自己的行为。也就是说，不该说的话不要说，不该去地方不要去，不该偷懒的事不要偷懒，不该有的毛病不能有。

3.练好内功

教学基本功是教师的立教之本、育人之根。教书育人靠的是真才实学，教学过程中来不得半点掺假。唯有扎实的教学基本功，才能取得理想的成绩，也才能培养出真才实学的学生。青年教师或许具备了一定的理论功底，但教学经验，特别是具有自己特色的教学本领需要不断地练就。青年教师要从备课、组织课堂教学、作业批改、教学评价、班级管理等方面苦练基本功，唯有这样，才能起好步，应对未来的挑战。

4.乐于付出

教育教学没有巧功，没有付出绝不可能有收获，唯有舍得付出的人，才能随时把握住稍纵即逝的机会，也才能取得成功。所谓舍得付出，主要是指在时间和精力上的倾心付出。青年教师处于创业阶段，需要更多的时间去备课，需要更多的精力去研究课堂教学，也需要有更多的精力去组织教学。因此，刚刚走入工作岗位的青年教师必须多投入、多付出，浮躁和三心二意绝不可能取得真正的成绩。

5.抵御诱惑

打牌、喝酒、上网打游戏已经成为诱惑青年教师，并使之消沉的要因。沉迷于打牌、喝酒、上网打游戏不仅会耽误我们许多宝贵时间，还会使意志力很坚强的人丧失上进心和斗志，甚至会使一些人沉沦。我们的青年教师只要沾染上打牌、喝酒和上网打游戏中的任何一种毛病，都会对今后的人生产生巨大消极影响，甚至还会就此"跌倒"。因此，我们特别奉劝我们的青年教师，一定要洁身自好，自觉抵御各种不良诱惑，快速成长。

6.勤奋学习

青年教师最为重要的品质之一是勤奋学习，最基本的要求之一是学会听课，或许我们已经掌握了很多理论知识，但我们更多的是缺乏实践经验。如何在更短的时间内成熟，如何掌握解决实际问题的经验与方法，如何得心应手地工作，唯有学习。作为青年教师一要学习优秀教师的育人品质，甘于奉献的精神；二要学习优秀教师组织课堂教学的经验与方法，处理教学疑难的手段与措施；三要学习优秀班主任的管理经验与策略，特别是要学习他们的学风建设、班风建设的方法与手段；四要学习现代教育技术手段与新的教育理念，以适应新的教学改革；五要不断学习新的教学实践与课程形式，努力提高教学能力及课堂效率。我们衷心希望我们的青年教师谦虚好学，虚心请教，抓住集体备课、听课、公开课等机会，不断提高自身的业务能力。

7.立足常规

教学需要改革，但无论怎么改革，总是离不开课堂，离不开常规。因此，青年教师刚刚步入教学岗位，必须立足于做好教学常规工作。一方面要做到三个"精心"、三个"百分之百"，即精心组织课堂教学，精心备课，精心教学反馈；百分之百地挤尽课堂水分、不断提高课堂教学效率，百分之百地既教书又育人、努力提高教学质量，百分之百地既钻研教材又研究教法，努力提高教学水平。另一方面，在组织课堂教学中，要体现教学过程的四个基本环节，即新课准备、新课进行、新课巩固、新课反馈。尤其是在教学上，积极践行学校要求，写好"小备课"，多听课，多写多练多反思，不断提升自己的教学实践能力。当然，立足于常规，不是不要创新，我们的青年教师一定要做教育教学改革的先锋，严格按照"一案三式"教学改革的要求行事。我们要求，青年教师要从备课常规、课堂教学常规开始做起，努力规范自己的教学行为。

8.不辍笔耕

青年教师要养成多写的好习惯，一篇好文章不是一开始就能写出来的，有文笔没有经验，有经验不会表达，也写不出好文章来。一句话，论文是练出来的，是写出来的，也是做出来的，不是凭空想出来的，更不是抄来的。我们衷心地希望我们的青年教师不辍笔耕，从点滴开始积累，从教学经验、教学反思、教育叙事、教学日记等开始写起，都能写出具有一定质量的教育言论、教育观察和教学论文来。特别是要把安徽基础教育资源应用平台充分利用好，通过写日志、写周记、写随笔的形式不断提升自己的书面表达能力，让写作成为我们受益终身的当家本事。

9.狠抓起始

青年教师面临许多新的"开始"，开始步入工作岗位，开始适应新的环境，开始接受新的班级，开始遇到新的压力等。好的开始是成功的一半。或许我们的环境、条件或我们的工作安排，还不能让青年教师满意，但青年教师无论遇到何种困难，都不要有消极的思想，都要自强自立，自尊自爱，都要狠抓起始，立足现实，做实做稳，为今后有更大的发展开好头，起好步。

10.设法厚积

青年教师成长的过程，也是青年教师经验、能力、水平不断积累或提高的过程。青年教师是要从现在开始，不断在教育、教学、教研等方面努力进取，不断实现自身的人生价值。青年教师就是要设法积厚，不断丰富教学经验，提高教学水平，提升教研能力。青年教师要通过自身的努力，不断提高职称证书的含金量，提高学历证书的附加值，特别是提高自身的竞争力。

青年化学教师，有理想，有激情，有抱负，有志向，尤其是刚刚从大学校园中走出来，谦虚好学，与中学生好沟通，时间多，是成长与发展的黄金期。但大家同在一条起跑线上，除了要脚踏实地，不能急功近利，尤其是要克服一切可能存在的不利于成长的因素，抓住成长关键期，走好发展关键路。为此，特别把《浅谈化学新教师教学中容易出现的问题及其对策》（作者杨明生、何鼎友，原载《化学教学》2008年第4期，有改动）介绍给大家。

每年都有一大批应届师范本科毕业生进入各级各类普通高中担任化学教学任务，化学新教师又往往承担的是高一起始年级的教学任务，面对的也是需要进一步启蒙的高中阶段新学生。因此，化学新教师如何适应新的工作岗位、新的教学对象，如何实现更快成长与成熟，不仅应该引起新教师的积极思考，同时也应该引起教育主管部门、教师培训机构、师范院校，以及用人学校的普遍关注。

一、化学新教师存在的普遍性问题

由于刚刚步入中学化学讲坛，缺乏教学工作的实践经验，因而很多工作包括备课、教学目标确立、课堂教学活动安排、教学内容与教学环节处理、实验现象与结果预测等，都带有一定的盲目性、随意性和主观性，这是化学新教师普遍存在的问题。具体来说，化学新教师容易表现出以下几个方面的问题。

（一）强调教学内容的计划性，教学过程机械而呆板

化学新教师特别注重备课的规范性、全面性，从教学目标设计到各个教学环节安排都完完全全地体现在备课笔记当中，甚至从板书到课堂语言表达都有详细的计划。当他们进入课堂以后，就会过分依赖备课中对教学过程的设计，过分追求教学设计中所规定的教学环节的落实和教学任务的

完成,往往强调的是课堂结构的完整性和教学内容的计划性。强调教学内容的计划性,固然有其积极的一面,但却有更多的问题存在:一是教师往往一味追求计划的落实与完成,而不能随堂发挥,教学过程机械而呆板,一些有价值的生成性东西不能被捕捉;二是在遇到教学过程中的一些变故时,往往会手忙脚乱,茫然而不知所措;三是受教学设计的约束,备课笔记成了教师课堂教学"表演"的脚本,很难控制课堂教学节奏。

(二)缺乏学科教学经验,教学内容处理容易失当

新教师最突出的问题是缺乏学科教学经验,主要体现在课堂教学各环节的处理上、教学内容的引入或切入上和实验现象及结果的分析上。新教师往往教给学生更多的是现成的知识和结论,这些让学生感到新鲜的知识与结论,非常容易引起学生采用其惯用的死记硬背的学习方法,结果教学过程被简化为好比把一个容器的水倒入另一个容器中的过程。在处理具体的教学内容时,有两种非常常见的因素会左右新教师的课堂教学表现:一是新教师学生时期的既往经验,其在高中阶段学习时化学教师对有关内容的处理,成为新教师处理教材与安排教学活动的重要参考,殊不知时过境迁,短短几年过去,有关内容的教学目标与要求和教学对象都已经发生了变化;二是新教师本人对教学内容的现实把握和对教材的自我理解成为教学设计的主要依据,最明显的不足就体现在对教学要求深浅把握不够,无法有意义地实施教学内容的内引外联,往往导致在教学设计中注重知识目标要求,而忽视能力与情感目标要求。另外,化学新教师在实验教学中,往往缺少实践经验,演示实验基本上是"照单抓药",凭主观想象实验现象及结果,对实验偏差估计不足、分析不够,直接导致实验教学效果差。

另外,化学新教师还特别注重讲与授,课堂教学活动比较单一,课堂教学中缺乏必要的互动,忽视学生学习自主性的发挥,缺乏较为深刻的问题设计,一些问题过于浅表,学生的思维深邃性难以得到培养,有些问题本身不严谨,指向性不明确,容易引起歧义,学生受不到很好的启发,也引发不了积极有效的思考。

(三)过分依赖教材教辅,忽视课程标准的应用

对教科书、教辅资料的过分依赖严重影响化学新教师的成熟与个性化

成长。化学新教师往往把教材作为模板，很少根据课程标准等对教材进行二次开发，容易走入"教教材"的误区。一些新教师对教学内容的重难点把握不到位，生怕有任何疏漏，非常容易走向面面俱到的极端。主要表现为他们非常容易把新课上成复习课，恨不得把与教学内容相关联的知识全都交给学生，学生听起来感到新鲜（课本上没有），学起来过瘾（似乎全是新东西），用起来感觉好（迎合题海战术），但这种做法对学生的学习甚至学科发展贻害无穷，不仅会浪费学生的学习时间，还会对学生学科能力的培养造成负面影响，更有可能对学生的化学科学思维与方法的形成产生副作用。有些化学新教师被教辅资料牵着鼻子走，教辅资料上的习题解决需要什么知识，就在课堂教学中补充什么知识，特别是进入高中化学新课程以后，一些化学新教师没有全面去研究新的课程标准，仍然按照老教材、老大纲的知识结构与教学要求去组织教学，结果把很多时间都用在了盲目拔高教学内容上。

（四）强调试题的教学功能，盲目迷信题海战术

解题、做题，是巩固知识、提高知识应用能力、训练思路与方法的非常有效的教学手段，是教学要求的重要组成部分。但很多教师特别是化学新教师，把学生考试得分高低与解题经历、解题经验与做题数量片面地归为因果联系，简单地把课堂教学知识的巩固、教学效果的提高寄托在大量做题上，最惯用的巩固与提高手段就是做题，很多学生在新教师的安排下也从高中阶段学习开始就步入题海战术。这种非常简单化地强调化学试题教学功能的直接结果，却影响与改变着教师的教学行为，使得新教师在实际教学中过分注重解题技巧的训练，忽视化学学科知识体系的建立、学科素养的形成和学科能力的培养，把大量的教学时间用在讲解例题上、让学生做题上、分析试题答案上。从长期的教学实践来看，题海战术在一定时期内确实能发挥一定的作用，显现一定的效果，但到了高年级以后，题海战术带来的后遗症将会逐渐暴露。

（五）迷信于专家的权威性，影响教师个性化成长

化学新教师追求专业上的成长与业务上的进步，这种积极性值得保护。化学新教师没有现成的教学经验，他们在教材处理、教学内容组织、

教学环节安排等方面都渴望得到他人的帮助，也非常希望有现成的模式或做法可以借鉴。但正是这个时期的化学新教师，往往容易对本校的老教师、学科骨干或心中崇拜的知名化学教学实践专家产生依赖，迷信于他们的教学权威，对他们提出的教学观点、处理教材的见解深信不疑，甚至模仿他们的教学风格。新教师的教学初始阶段，本是最容易赋予成长个性化的时期，也是最富有创造性的时期，却因为过于迷信学科权威和专家的经验，而使其成长受到影响。特别是一些化学新教师，长期受到本校所谓学科名师的潜移默化的影响，他们的教学艺术及教学风格出现"同化"，"近亲繁殖"现象严重。

当然，化学新教师还存在诸如教学语言不严谨、不丰富，对化学用语重视不够，高中阶段教学内容整体把握不透，对学生化学素养的培养不到位等问题。

二、化学新教师实现专业成长的有效策略

化学新教师的问题是客观存在的。有些是普遍的，有些是极富个性化的，但无论何种类型的问题都不是可怕的，关键是如何对待这些问题，解决这些问题。

（一）学会反思教学行为，不断优化教学过程

教学反思是促进教师专业成长的最为有效的策略。作为化学新教师，对自己的每一节课的教学行为都要进行积极反思。每一节课下来，化学新教师都要围绕以下几个方面认真反思：教学环节与教材处理、教学语言组织、学生学习主动性调动、教学任务与教学活动安排、教学问题设计、教学时间分配，以及教学设计的科学性与合理性等，并及时做好反思记录，写出反思笔记，从而为下一次课或下一轮教学优化教学过程，改进教学方法，提供借鉴与参考。

（二）学会与同伴交流合作，在借鉴与分享中进步

广大化学新教师，最为重要的教学资源之一是同学科教师同伴，特别是担任平行班学科教学的老教师、有经验的教师。化学新教师要积极与同学科教师同伴就教学内容、教材处理、教学目标设定、教学方法进行探讨，在坚持自己创造性主见的基础上，积极借鉴他们的教学经验、教学方

法及教学策略,享受他们的教学成果,特别是同一年级同学科教师之间,要互相支持,互相配合,做到资源共享、教学同步、教学要求一致,这既是青年教师成长的需要,也是促进教学水平共同提高的需要。

学会与同伴交流合作,对化学新教师有着非常重要的现实意义。青年化学教师一定要有诚恳的态度、务实求真的精神,密切与同伴之间的交流与合作,在借鉴与分享中进步。

（三）学会教育科研,在以校为本的教育科研中成长

化学新教师往往具有一定的理论功底,但普遍缺少的是教学实践经验,把理论知识转化为实践经验本身就是值得研究的课题。当然,根据化学新教师存在的普遍性及个性化的问题,最为迫切的是积极参加教育科研。作为化学新教师,要明确教育科研的重要性与必要性,要树立正确的教育科研态度,要把以校为本的教育科研当作提高能力、促进成长的重要途径,通过校本教研解决教学实践中的问题,排除成长过程中的困惑,促进教师的专业成长。

（四）学会开发教学资源,重视运用素材性资源

化学新教师最需要的之一是教学资源,最缺少的之一是教学资源利用能力。化学新教师要不断运用各种方法与手段开发各种服务于教学的课程资源,同时也要不断积累本人在教学实践中的教学资源,既包括成功的教学案例,也包括失败的教学案例。由于新教师与学生年龄相仿,容易沟通,因此,要重视诸如个人学习经验与策略、教学积极性等素材性资源的运用,最大程度提高教学效益。

（五）学会在学习中内化,让能力与水平同步提高

化学新教师的学习,包括听课、学习专业理论、教学观摩等。每一位化学新教师都要学会听课、评课,学会借鉴与研究他人的教学观、教学艺术、教学行为,要不断学习专业理论,增强专业发展后劲,还要认真对待每一次观摩教学。但要注意的是,化学新教师的学习,不仅要有积极性和热情,更要注意策略与方法,在学习过程中决不能照搬照抄,不加选择地把学到的东西直接用于自己的教育教学。学习,既要学,还要见习,即积极地把学习到的东西内化成自己的教学能力,不断提高自己的教学水平。

在此也把9条关于"时间"的寄语送给"青椒"们：

把时间放在工作上，可以成就事业。

把时间放在家庭上，可以成就亲情。

把时间放在书本上，可以成就智慧。

把时间放在运动上，可以成就体魄。

把时间放在讲台上，可以成就学生。

如果把时间放在床上上，只会让我们的体重增加。

如果把时间放在游戏上，只会让我们的意志消沉。

如果把时间放在喝酒上，只会让我们的心态变化。

如果把时间放在娱乐上，只会让我们的事业荒废。

让我们一起共勉，时间是最公平的，行动在哪里收获就在哪里，心思用在哪里风景就在哪里。

最后把《雷锋日记》中的一段话摘选给大家：

如果你是一滴水，你是否滋润了一寸土地？

如果你是一线阳光，你是否照亮了一分黑暗？

如果你是一颗粮食，你是否哺育了有用的生命？

如果你是一颗最小的螺丝钉，你是否永远坚守在你生活的岗位上？

自　序

　　2021年4月，我有幸为合肥四中的全体教师做了一场题为《努力办有质量的中小学教育》的报告，有一位教师将我作报告时的照片发在了朋友圈，引发了很多网友的关注，很多网友留言。其中有一位网友的评价这样写道："一位把化学教师做到极致的校长，也是一位把校长做到极致的化学教师。"所以，我既以教师的身份，又以校长的身份来谈化学教育，不会孤立地谈化学教育，而是结合学校管理方面的经验来谈化学教育。

　　2022年9月，经过层层推荐，我当选为安徽省教书育人楷模，作为安徽省两位被推到教育部的人选之一，与其他31个省、自治区、直辖市和新疆生产建设兵团推选的共64位候选人的事迹在《人民日报》《光明日报》《中国教育报》等主流媒体上公示，最终经过媒体推荐、专家评选、教育部审核，我荣幸地成为12位2022年全国教书育人楷模之一，获得了中宣部和教育部的表彰。我成为了从2010年设立此奖项以来安徽省第二位获此殊荣的教师，也是2022年12位全国教书育人楷模中唯一的高中教师，更是此项荣誉设立以来唯一受到表彰的化学教师。获奖以后，接受了多家媒体的采访，在采访时，这些媒体记者都对以下问题产生了兴趣：

一是当初为什么选择当教师;

二是为什么选择当化学教师;

三是在我的心目中什么样的教师才是好教师;

四是为什么选择留守家乡教育;

甚至有人问起,我的网名为什么都叫"老杨树下"?

我想在本书中,不仅要回答这些记者所关心的问题,还要回答很多朋友都困惑的问题,主要包括38年化学教育生涯和24年校长历程中所经历的酸甜与苦辣、付出与收获、经历与感悟、探究与实践等,还要从课程论、教材论、教学论、方法论等诸多方面,与广大化学教师,尤其是青年化学教师,包括还在就读师范专业并今后有志于从事化学教育的"青椒"们,分享专业成长与发展的"诀窍"。

教师专业发展

初入教坛　站稳讲台的艰辛

站稳讲台的艰辛，也是耐得住寂寞的潜心付出。

1984年7月，我作为家中长子，带着对父母、弟弟、妹妹的责任，带着对家乡教育的一片赤诚之心，放弃了全省范围内"统分"的资格，被一张派遣证带到了霍邱县教育局等候分配。我作为化学教育专业毕业生，被分配到当时唯一的两年制高中霍邱三中，并成为这里唯一的一位高中化学教师，由此开始了我在霍邱三中长达10年的站稳讲台的教书生涯。

在此之前，霍邱三中并没有开设高中班。1984年9月，霍邱三中开始招收第一批高中生，2个高中班，我成为霍邱三中2个首届高中班的班主任之一。由于霍邱三中仅在霍邱县城关镇辖区招生，又是两年制，中考成绩相对较好的学生去读三年制高中，而中考成绩相对差些的学生只能读两年制高中。

虽然霍邱三中所招的这一届学生只有100多人，分文、理两个班教学，但这却承载着我最初的教育梦想。这一届学生有其多重特殊性：从年龄上讲，他们中大多数人的年龄和我不相上下，最小的只比我小三岁，班里还有一位同学与我同龄（在后来的复读班教学中，与我同龄的情况已经比较多见了，甚至还出现了由于复习时间过长学生年龄长于教师的情况）；从入学成绩看，他们都是当年所录取的高中学生中分数偏低的，他们中的绝大多数存在学习习惯不良、学习不刻苦、上课不听课的情况。而我的专业发展正是从这样一批学生身上起步，没有请教导师，遇到问题自己悟，一边学一边教，正常的情况应该是"在教中学"，而我却是"在学中教"。

1988年秋学期，我兼任了一个班初中化学的教学任务，这是我从教30余年第一次也是唯一的一次担任初中化学的教学任务，虽然我在课堂秩序控制上有了一定的经验，但在教学内容把握上却仍然是一片空白。在短短一年的教学时间内，我不得不面对一个又一个挑战。如面对即将毕业的学生管理难度增大的问题，面对初中化学全新内容的教学难易把控问题，面对复习备考中有效指导学生参加中考的问题，等等。一年的时间虽短，可对我来说，却显得非常漫长，我既要熟悉新的学生，又要熟悉新的教学内容，还要熟悉中考的考试要求。这一年，我的付出是巨大的，但收获也是丰硕的。我既在教学生涯中有了初中化学教学的经历，熟悉了基础化学启蒙教育的内容，理解了初中化学教学的关键所在；同时，我在高中新生入学之初如何开设初高中的衔接课程方面，有了一定的思想准备和知识储备，也印证了很多教学专家倡导的：高中化学教师应该具有初中化学教学经历。

从1984年开始，我一直没有离开过高中讲台，也没有中断过高中化学教学。在刚刚走上讲台那会儿，没有任何教辅资料可以参考，没有任何校内的教师经验可以借鉴，手中仅有的工具书就是在大学里学习的《中学化学教学法》，还有就是一套高中化学乙种本教科书和与之配套的教学参考书。无论是对教学内容的把握、对课堂秩序的调控，还是对教学方法的总结，包括如何备课、如何命题等，基本上都是靠自悟。没有试题，自己命制；没有人刻印，自己买来钢板、铁笔、蜡纸和油印机等自刻自印……至今我右手的中指上还留着当年因刻写试卷留下的痕迹，我也因此练就了熟练的试卷印制技术。

没有参考资料，没有试题集，没有网络，如何命制试题？我做了积极的探索，形成了当时条件下的命题思路，即一是源自课堂教学内容的原创，二是源自学生作业中的错题改编。如在命制单元试题时，我总是习惯把备课笔记打开，根据教学内容的特点，即时编写填空题、选择题或主观题，然后把学生作业中常见的错题，通过改编题干、题型及提问方式的办法，对考试中的易错点进行巩固、强化。

从1985年秋学期开始，我正式走上了复读班化学教学的讲台。虽然有了一年的高一年级化学教学经历，但离真正能独立完全把握高中三年的全部教学内容，从容地应对当年的高考，还有非常大的差距。从这一年开始，我为站稳这张难得又能锻炼人的复读班讲台，付出了艰辛的努力。

对于刚刚走上讲台一年的我来说，脑海中根本就没有所谓的高考三轮复习的意识，对于高考考什么，怎么考，如何应对，可以说没有一丝概念。所以，接到复读班教学任务的我，第一时间就去了新华书店，买了一本高中化学复习方面的参考书，准备按照书上面的知识内容从前往后推进。我后来发现，别的老师并不是这样做的，这本书最多只适合二轮复习参考用。说实在的，我那时真的不知道该如何做，但是我明白，高考第一轮复习应该像大扫除一样，得把高中化学的所有知识点全部复习一遍。带着这个思路和朴素的想法，我开始了长达13年复读班化学教学方法的尝试，这也成就了我专业发展的第一步——我很快成为霍邱优秀的复读班教师之一。

为了能站稳高中化学的讲台，我选择通过复读班的化学教学，来"速成"自己，来提升自己，从而实现成为县域内名师的目标。

我首先从精心备课开始，不仅认真领会知识内容的内涵，而且还积极钻研解题方法，针对当年的高考化学计算题，在题型的巧解巧算方面，我做了非常有益的探索。在一次偶然的解题实践中我发现了"十字交叉法"，经过多年的反复总结与研究，我在"十字交叉法"的应用上理解透彻。当时，国内化学教育界对"十字交叉法"的研究非常热，我不仅提出了只要是双组分体系的化学计算题都可以用"十字交叉法"快解快算，并指出只要能列二元一次方程组解的计算题，都适用于"十字交叉法"，同时还提出在三组分体系中应用"十字交叉法"的解题思路。在那个年代的高考化学试题中，几乎每年都有一道适用于"十字交叉法"的选择题，我不仅解决了双组分混合体系计算难的问题,而且对其他巧解巧算的方法有独到的见解,提出了很多行之有效的巧解巧算的方法,如平均值法、最小公倍数法、极限法等。与其说当年很多复读生选择到霍邱三中复读班复读是因为我,倒不如说他们是出于对我在学生普遍薄弱的化学计算方面独特方法的选择。后来虽然高考题型结构及考查的重点发生了变化,化学计算逐渐淡出了高考化学试题,巧解巧算已经不再是中学生必须掌握的方法了,但那个年代凡是听过我化学课的学生,今天还会时不时地提起我那神奇的"十字交叉法"。

我之所以能成为名师或之所以能很快成为名师,除了认真备课以外,我在课堂上也是下足了功夫。为了能够快速驾驭课堂,赢得学生的敬畏与尊重,我尝试着"脱稿"上课,也就是说,我从走上讲台到下课铃响,不看一眼备课笔记或课本,一节课的教学内容完成时,黑板上写满了完整的板书。这一招果然效果奇好,很多同学都这样炫耀他们的老师:杨明生老师水平实在是高,从不带书上课。其实,为了能够达到这种"不带书上课"的境界,我付出了艰辛的努力,也付出了无法挽回的健康代价。我从小学到大学毕业,眼睛都是1.5的视力,当时看到那么多大学同学都戴着厚厚的眼镜,我好不得意。可是,在走上工作岗位不到五年的时间,已经成年了的我,居然戴上了近视眼镜,而且出现"飞蚊症"。那个时候的化学课基本上都安排在下午,午休的时候,我总是把备课笔记放在床头,不把下午的教学内容记熟不睡觉,即便如此,我在课前还把一节课的板书在草稿纸上"规划"一下。所以,有了这样的准备,走上讲台,当然可以一气呵成地完成教学任务了。实际上,上课之前在草稿纸上"规划"板书,既是对教学内容的强化,也是对板书做出的预安排。这样久而久之,我的眼睛近视了,"飞蚊子"也出来了,但我却养成了好的备课习惯,更是把在课前进行板书"规划"的习惯坚持了几十年。后来我还把这种课前板书"规划",逐步纳入了学校备课管理的一项经常性要求,提出了"大备课"与"小备课"的概念,老师除了要规范地撰写教案外,也要遵照"补充、补救、规划、反思"的具体要求开展"小备课",且一课一备,必须在课前完成"小备课",并纳入学校基本的教学常规中,成为学校教学业务检查的基本内容之一。

在霍邱县的教育界，大家都十分认同的一个观点就是霍邱三中"后来者居上"，主要得益于1991年和1994年我和其他老师所带的两届高中毕业生在高考中的出色表现。特别是1991年那一届毕业生，当年高考达建档线共有5人，而恰恰在这一年，另外一所学校的教学质量出现重大滑坡，高考达线率为0。

从这一届学生入学的那一天起，我就坚持每天早上去寝室喊学生起床，然后与学生一同跑步，一年四季，三年如一日从没有中断过。虽然我比这些学生大不了几岁，但我像对待自己的孩子一样关爱学生的身心，关心学生的生活，关注学生的成长。正是因为我对这些学生倾注了无限的爱，我才赢得了这些学生的尊重。我不仅对自己本班的学生如此，对其他班学生也是一样，至今一些其他平行班级的学生还与我保持着联系。

从1991届毕业生到1994届毕业生，我们在这6年中经历了从六天工作制到五天半工作制的周工作时间调整，调整后国家机关工作人员每周可以享受一天半的休息时间，可是作为教师因为高考的压力却不能正常休息。但是作为班主任的我并没有把这些压力转移给其他授课教师，而是主动承担起了在休息日帮助学生释疑解惑的工作。一方面，我对学生开放教室，鼓励学习上有困难的学生到教室补差补缺，从英语、物理到化学，各学科遇到问题做到随时解答，还买来电水壶为学生供应开水。另一方面，每周末给学生布置一篇作文，学生定时完成并上交，我逐一批改后利用周一的晚自习时间给学生分析评价。同时，我还从英语教师那里借来英文打字机，每周打印一篇《新概念》课文，印发到学生手中，并利用周末给学生讲解。后来考虑到每周借一次打字机不方便，干脆借一次就打印好几篇，打印好后一并发给学生。这两届学生虽然入学成绩并不理想，但高考被大专、中专学校录取的录取率都是开创历史的，这无不与我担任班主任期间狠抓英语、语文学习有关。

每个优秀的人都有一段沉默的时光。那段时光，付出了很多努力，却得不到结果的日子，我们把它叫作扎根。为了能够在基础教育一线扎下深深的根，1984年从安徽师范大学毕业，到1994年破格晋升为中学高级教师，我整整用了十年的时间。

1994年11月，安徽省教育厅第一次以文件的形式明确了对于一些条件优秀的教师可以破格晋升职称。文件中规定，在正常晋升的基础上，如果在教育教学和教育科研方面满足一定的条件，可以不受学历与资历的限制，直接上报评审材料，由省高级职称评审委员会评审。我因为优异的教学成绩和卓越的教科研能力，在安徽省首批破格晋升高级教师职称中顺利通过，实现了我教育生涯的第一个"首批"。

这十年是我不懈努力厚积薄发的十年，是我人生当中最为艰苦、最为困难的十年，也是我默默奉献的十年。家庭的负担，班主任工作的探索，化学学科教学经验的积累，都凝结了我执着追求梦想的心血与汗水。

勤奋耕耘　科研助力专业成长

从教以来，我在各种教育教学杂志等刊物上累计发表文章600余篇，其中50余篇高质量的学术论文发表在《化学教育》《中学化学教学参考》等期刊上，还有多篇论文被中国人民大学书报资料中心的《中学化学教与学》复印转载。

当然，我的第一篇文章并不是发表在核心期刊上的，我发表文章也不是第一篇文稿就被采用的，也是写了几年，向各种教育教学杂志或报纸投了很多篇文章后，才于1989年10月有了《氧化还原反应小结》的发表。正是这篇文章，激发了我积极投身教育科研的热情，引领我走上教育科研之路。

1989年10月的一天，我收到一封信函，看到信封右下角醒目地印着"现代中学生编辑部"几个大字，我的心都快跳到嗓子眼儿了，一直迫切期待着有文章发表的我，迫不及待地拆开了信封，一本《现代中学生（高中学习版）》跃然眼前，打开封面，在《目录》上清楚地印着"氧化还原反应小结/杨明生"。我立即在杂志目录正上方的空白处写下了这样一行字："这是我播下的第一粒种子，它一定会生根、发芽、开花、结果。"我从1989年开始播下的这粒种子，经过生根、发芽、开花，结出了累累硕果，我收获了满满的幸福,它们回报给我的是精神上的巨大满足和一个又一个荣誉!

自此,我写文章的热情高涨,陆续有文章见诸报端。一开始的文章都是面向学生读者的小文章,以辅导学生学习或解题内容为主,主要发表在《中学生化学报》《现代中学生(高中学习版)》《中学生学习报》等。

现在有了电脑,写稿就比较方便了,写好以后可以用多种方式保存,写了改,改了再写。那个时候市场上除了有现成信纸销售以外,连切好的白纸都没有,写稿只能先打草稿,再誊写在每页300字的方格稿纸上。为了能把平时写下的文章草稿比较完整地保存下来,也便于日后修改与编辑,我买来了大白纸,自己用剪刀裁成16开的小白纸,再设法装订成草稿本。但是厚厚的一大本,用什么方法来装订是一个大问题。后来,我想到了先在草稿本左侧用剪刀扎四条细长的斜缝,再将编织带穿过,最后用火将编织带两端烧结。这真是我的一个独特的"发明",这样装订的草稿本既经久耐用,又美观大方。我从1989年开始使用第一本草稿本,至1998年有了第一台组装的电脑,我写稿子共用完了8本300页厚的草稿本。至今仍然保存完好的这8本论文草稿本,凝结了我教育教学生涯近10年的心血与汗水,也记录了我在教育科研道路上成长与成熟的过程,更彰显了我在教育科研道路上的坚定信念与执着追求。

在《现代中学生(高中学习版)》上发表文章以后,我开始把投稿的重心转到了《中学生化学报》上:一是因为《中学生化学报》为化学学科的专门报纸,一次刊发的稿件多、容量大、容易被录用;二是因为《中学生化学报》有四个版面,一版为知识辅导,二版为解法指导,三版基本上为单元练习题,四版主要是化学与生活内容,版面对稿件的需求多样化;三是因为《中学生化学报》的读者对象是中学生,主办方偏向采用符合学生"口味"的短小文章。来自教育教学一线的我善于总结、勤于归纳,创作起来得心应手,我的很多文章都是来自教学实践,非常符合《中学生化学报》的用稿要求。我抓住《中学生化学报》在用稿方面的特点,把大量的精力与时间都花在了为《中学生化学报》撰稿上。有一段时间,我只在草稿本上写文章,把誊写稿件的任务交给了年轻的化学教师,我因此在《中学生化学报》上发表了多篇文章。最高峰的时候，我一年在《中学生化学报》上发表52篇文章，几乎是一个星期发一篇，这也使我成为《中学生化学报》最高产的作者之一，因此深得时任主编龙伯珍的欣赏。后来，有传言说我如何如何厉害，写的文章都猜中高考题了，等等。其实不然，不过也有一些"影子"，当然也是与《中学生化学报》有关联。

1996年10月，当年的诺贝尔化学奖揭晓，美国化学家柯尔、斯莫利和英国化学家克罗托因发现了"富勒烯"共同获得了那一年的诺贝尔化学奖。经过查找文献，结合教学中的感悟，我于1997年5月在《中学生化学报》第四版上发表了整版的《诺贝尔奖与富勒烯》，对"富勒烯"中的典型代表C_{60}、C_{70}等笼形分子的结构、性质及用途，从中学化学的视角进行了全面的介绍与解读。这一期报纸刊发以后，像往常一样，很多读者只是把这篇文章作为一篇化学与生活类的文章读一读，并没有太注意，但霍邱一中的周广忠老师独具慧眼地捕捉到了文章中的高考化学信息。他专门向他的学生推荐了这篇文章，要求他的学生认真阅读，并加以总结。今天看来也算正常，因为高考命题必然会结合当时的社会实际。巧就巧在1997年高考化学试卷的第36题，以12分的比重全面考查了富勒烯的结构、性质。

《中学生数理化》是当时最受中学生欢迎的杂志之一，由于是月刊，16开本，数学、物理、化学三科融合，所以容量相对小，也是当时最难发表文章的杂志之一。我从一开始写稿、投稿，就将目标定为《中学生数理化》，直到1993年与朱丽萍、王正葆两位老师合写的一篇短文发表在第12期上以后，才在《中学生数理化》上一"发"不可收！发表于《中学生数理化》的文章《化学学习中思维的定势与发散》，奠定了我在《中学生数理化》作者队伍中的重要地位。我从1993年在《中学生数理化》上发表第一篇文章开始，累计在《中学生数理化》上发表文章20余篇，基本上每年发表2~3篇。

我从事教育科研，没有出现"教"与"写"脱节的情况，而是立足于教学实践。可以说，我的每一篇文章都是教学经验的结晶。20世纪80年代，高中教科书都是人民教育出版社出版的，三年制学校所用的教科书为甲种本，两年制学校所用的教科书为乙种本，我的教学研究最早也就是在甲种本与乙种本的比较中开始的。有了这样的起点，我在教科书比较乃至课程比较方面，有了一定的成就。我不仅有2篇关于人教版、苏教版、鲁科版等3种版本的课程标准教科书比较研究的论文发表，而且在中国台湾与大陆高中化学课程比较研究方面取得了多项研究成果，累计有8篇研究论文发表在国家级期刊《化学教育》上。

2013年7月26日至29日由中国化学会主办的"化学教育改革与教师专业发展暨第二届《化学教育》读者、作者、编者学术交流会"在吉林省延吉市延边大学召开，我作为优秀作者应邀出席了大会，并在大会上作了《浅谈教研论文的选题》的学术报告。这次报告不仅首次确立了我在中国基础化学教育界的地位，也让我有机会第一次站在了高校的讲台上，面对中国基础化学研究界顶尖的化学教育教学研究专家，如北京师范大学的王磊教授、华东师范大学的王祖浩教授、山东师范大学的毕华林教授、东北师范大学的郑长龙教授、华南师范大学的钱扬义教授和厦门大学的孙世刚教授等。与其说我的报告是一个怎样进行论文选题的学术报告，倒不如说这个报告更像是一个我教育科研经验的分享。

《化学教育》是由中国科学技术协会主管，中国化学会、北京师范大学主办的国家级化学教育类学术期刊、全国中文核心期刊、美国化学文摘（CA）收录期刊。《化学教育》2014年1月起调整为半月刊，其中奇数期侧重于报道基础教育的化学教育情况，偶数期侧重报道高等教育（本、专科教育，职业教育，研究生教育，成人教育等）的化学教育情况。作为一名化学教师，无论是在高等院校任职，还是在中学化学教学一线工作，能有一篇论文在《化学教育》上发表都是其教学生涯的梦想。我从1994年第一篇论文《NO为什么要冷却氧化》发表后，已经在《化学教育》上累计发表了31篇论文。

撰写论文重在选题，选对了题，才能有东西可写，也才有被刊用的可能。当然，课题的选择不是空穴来风、凭空想象，而是源于对自身的教育教学实践活动的感悟、总结、反思等。同时，论文的内容必须是自己成熟的教学实践成果或研究成果，绝不能胡编乱造。选对了题，有了写作的素材及内容，最后就是如何根据各刊物的要求撰稿了。不同的刊物有不同的读者群体，文章一定要针对读者对象来写，弄混了读者群体，也就失去了刊载的价值。同时，不同的刊物有不同的版式、字数、格式要求，写出的文章必须符合用稿规定。只有这几个方面条件都满足了，写出的论文发表的可能性才会大，文章也才有可读性，成果也才有推广的价值。这既是我多年来撰写教研论文的感悟，也是我撰写教研论文所遵循的基本原则。

　　1992年秋季学期开学，我所带的1994届学生高中化学教学内容进行到第二册，第一章第三节的内容为"硝酸"。工业上制备硝酸的办法就是氨氧化，氨气在氧化炉中与氧气接触氧化，再经冷却氧化、水吸收和循环氧化等工艺，制造出硝酸。在"氨氧化制硝酸"有关的内容中，课本上的一句话引起了学生的注意：从氧化炉出来的气体，经过冷却氧化生成二氧化氮。他们把这个问题摆在了我的面前。我没有放过这个细小的问题，想着怎么去给学生解答这个问题。我在查阅了大学课本中的相关内容之后，觉得这不是一个小问题，里面可能涉及更深奥的热力学原理。我打算探个究竟，并通过对这个问题的解决，写一篇高质量的论文，一方面来回答学生的问题，另一方面向在《化学教育》这样的学术性杂志上发表论文努力。

　　我找来大学《物理化学》课本，利用热力学原理，经过非常复杂的计算发现，由于一氧化氮与氧气的反应为放热反应，在高温状态下的氧化炉中，尽管氧气充足，但一氧化氮却难以被氧化，只有从氧化炉中出来的气体冷却到773 K时，一氧化氮才被氧化为二氧化氮，再用水吸收即可得到硝酸。无独有偶，学生产生的类似困惑还在不断地勾起我的探究欲望。在讲到高中化学课本中甲烷的用途和性质的时候，我告诉同学们：甲烷可以分解为炭黑，也可以反应产生乙炔。这让很多同学产生了困惑，他们纳闷：甲烷一会儿可以变成炭黑，一会儿又可以变成乙炔，为什么呀？我决定利用解决一氧化氮冷却氧化问题所用到的热力学原理继续探究。果然，我再次有重大发现，原来甲烷在分解时之所以产物各不相同，是因为温度不同所致，温度不同，甲烷的裂解方式不同，产物也就不同。经过反复计算，我发现，甲烷自发炭化的温度必须高于928.7 K，工业上为了提高炭化速率，通常把温度控制在 1273 K 以上。我经过计算还发现，甲烷裂解为乙炔的温度必须高于 1709.4 K，即甲烷碳化的温度不能高于 1709.4 K，否则就会有大量的乙炔生成。同时，这也解释了为什么工业上更倾向于用甲烷来制乙炔，因为用碳化钙来制乙炔虽然比较方便，但碳化钙的生成温度需要 2773 K。经过计算，我还发现：只要温度不低于 1866 K，甲烷也可裂解生成乙烯。

我分别以《NO 为什么要冷却氧化》和《关于甲烷裂解方向问题的讨论》为题，从问题的提出、热力学计算过程、结果解释与说明等三个方面写了论文，寄到了《化学教育》编辑部。一个月过去了，两个月过去了，半年过去了，寄出去的稿件石沉大海，杳无音讯。1994 年 4 月，我终于收到一封来自《化学教育》编辑部的信函。打开一看，里面有两张印着"化学教育"文头的信纸，信纸上写满了编辑的修改建议。虽然我当时很激动，但看到修改建议中密密麻麻的符号、文字，我心里一团乱麻。自己修改吧，根本不可能，编辑部老师写的符号、原理，看都看不懂；放弃吧，真的太可惜了！我甚至有到安徽师范大学向物理化学老师请教的念头。就在我为此焦头烂额的时候，我的同事，刚刚大学毕业的陈宜新老师建议我不如参考普通化学中的热力学原理进行简化处理，确实无法解决的问题，就从文章中删去。采纳了这个意见以后，我借来了最新版的《普通化学》，对两篇论文中的符号进行更新，删除无法解决的问题，整整忙活了一个"五一"假期，论文终于赶在返稿的最后时限修改完成，两篇文章分别刊登在《化学教育》1994 年第 6 期和第 7 期上。

这两篇论文的发表，在我的专业发展和事业进步上，具有里程碑的意义。这是我首次在核心期刊上发表文章，正是有了这个好的开端，截至目前，我在《化学教育》上累计发 31 篇论文，并有多篇论文发表在《中学化学教学参考》和《化学教学》等期刊上。

从解决学生提出的问题出发开展教学研究，撰写教研论文，应该说是最有价值的教研形式，也是促进教师专业发展的最佳方式之一。同时，从教师的视角去解决学生提出的问题，既是一种研究，又是一种经验总结，还是一种专业提升的过程。当然，教研论文的素材与资源不仅仅限于课堂，也应该来源于全方位的教学活动与教学实践。我发表那么多的学术论文，就是不拘泥于课堂的结果，总是把教研视角拓展到化学学科的方方面面，这样就会不断涌出创作的源泉。

2003年春季，全国上下抗击"非典"。2003年5月7日，《公共场所、学校、托幼机构传染性非典型肺炎预防性消毒指导原则（试行）》发布。在《各种污染对象的常用消毒方法（试行）》中提到"非典"消毒用的常用化学用品，特别是过氧乙酸、二溴海因等很多与中学化学知识相关的消毒品。但是，它们的结构、组成、性质、用途是什么，它们为什么能消毒，在使用这些消毒剂时应注意什么等，需要有一个权威的指导，以便大家用好这些消毒剂，于是我写出了《"非典"消毒与化学消毒剂》一文，后发表在《化学教育》2004年第8期上。由于工作忙，我晚间基本上没有看电视的时间，但我很少错过中央电视台的午间新闻。关于"非典"消毒方面的文件信息，我也是从午间新闻中获取的。不仅如此，午间新闻提供的另一条信息，也为我写出另一篇关注社会的教研论文提供了创作源泉。2003年5月1日，为了纪念新修订的《中华人民共和国职业病防治法》实施一周年，中央电视台在当天的午间新闻中专门播出一则专题报道，报道中的一句话引起了我的注意，好像是说绝大多数的职业病都是由化学物质引起的。看到这则报道以后，我意识到这是一个非常重要的撰写教研论文的线索，哪些化学物质会导致什么类型的职业病，危害是什么，如何预防，如何治疗，这些不但有助于消除社会对化学物质的"恐惧感"，避免大家进入使用化学物质的误区，而且为广大劳动者远离职业病、远离化学物质危害提供有效途径。通过文献研究，我和陆小平老师写出了《常见化学污染物与职业病》一文，后发表在《化学教育》2004年第3期上。

1994年在郑州召开的全国第一届全国微型化学实验研讨会给我留下了十分深刻的印象。不仅仅是因为这次会议与我破格晋升为中学高级教师有关，更为重要的是通过这次会议的专家报告，我写出了3篇高质量的学术论文。

通过大会的学术报告和微型实验成果展示，我发现这种新的实验研究方向确实取得了很多创新性成果。如大连教育学院的老师们开发的"微型实验箱"，不仅简约，而且使用方便、便于携带，更为重要的是解决了常规实验容器容量过大，容易造成资源浪费，不能有效满足"减量、减废、减排"的绿色化学要求的问题。但也暴露了一些问题，比如，实验微型化，实验现象不明显的问题；为了追求微型化，引发实验操作不规范的问题；特别是放着实验室中原有的实验仪器不用，去寻找诸如医用注射器、输液管等替代品做实验，这些做法值得商榷。于是，我写出了《关于开展微型化学实验的几点看法》一文，发表在1995年第5期《化学教育》上。这篇论文对进一步引领全国微型实验研究方向，调整老师探究微型实验研究的思路，起到了非常明确的指导作用。这篇论文也得到了微型实验研究专家的充分肯定。

由于1994年秋季学期会在全国范围内使用新版的初中化学教科书，会议的承办方邀请了国家教委基础教育司副司长于慧敏莅临大会开幕式，于慧敏副司长做了关于新版初中教科书使用的专题报告。我在聆听了于慧敏副司长的报告之后，深受启发。我深入研究从大会上带回的报告内容，写出了《使用义务教育初中化学教材的几点建议》的论文，并发表在《化学教育》1995年第9期上。这部教材的使用很快就结束了，新课程内容的结束，意味着中考复习备考的开始，这时，广大教师又面临着如何开展基于新版本化学教材复习的问题。这时，我结合自己的研究成果，写出了《试谈实施义务教育中化学中考复习》的论文，发表在《化学教育》1996年第5期上。

当然，我发表论文的创作源泉，更多的是源自课堂实践。我发表在《化学教育》上的《摩尔教学的几种做法》《"化学能与热能"教学设计的基本思路》等论文，都是我课堂教学实践经验的结晶。这些发表在国家中文核心期刊上的论文，不仅进一步夯实了我的教学功底，而且为我的同事们开展教学研究指明了方向。

我在安徽师范大学在职攻读教育硕士期间，我的大学同学、时任安徽师范大学化学与材料科学学院党委书记顾家山，针对我发表的几百篇文章与论文，与我谈心说："专家的研究必须专一，你要么专心于实验研究，要么专心于课堂教学研究，要么专心于课程比较研究。你发表那么多辅导学生的文章，发一篇与发一百篇没有什么区别。"受到顾书记一席话的启发，我深刻地反思了这么多年的教学研究历程，发现我确实存在对问题研究不专一、不深入的问题，虽然我的论文涉及中学化学各个领域，但都没有深入的研究，很少有自己独到见解的文章发表。

通过这次谈话，我对自己的教学研究方向进行了重新定位，我选择了课程研究作为自己的主攻方向，即把主要的精力集中在开展有效课堂和课程比较研究上。有了这样一个思路，找准了自己的研究方向，一系列学术价值非常高的研究论文相继发表在《化学教育》《中学化学教学参考》等国家级核心期刊上。

我不仅是一位高产的教研论文撰写能手，也是一位课题研究的专家，累计领衔申报立项的省级以上课题多达11项，并有3项课题研究的成果分别获得安徽省优秀科研成果一、二、三等奖。这些成就是我勤奋耕耘、执着追求的结果，更是我善于发现问题、提出问题和解决问题的结果。

我参与研究的第一项省级立项课题是"现代教育技术应用与计算机辅助教学的研究"，虽然只是核心组成员之一，实际上真的没有参与多少研究，但是让我初步了解到了课题研究的思路与方法，也增强了我领衔课题研究的信心。我在课题研究方面，不仅取得了一定的成果，而且还成为指导课题研究方面的专家，分别指导了多所学校的教师申请安徽省研究课题获得审批立项，也多次应邀作课题研究方面的专题报告。

勇于探索　教改路上知行合一

我从1984年9月走上霍邱三中的讲台，再也没有离开过中学化学教坛一步。无论我的工作多么繁忙，从一线教师，到副校长，再到校长，我都把站稳教坛作为自己的立身之本、立教之根。有人说，我是基础教育化学教坛的一棵不老松，基础教育科研领域的一棵老杨树，我所取得的绝大多数荣誉，包括教科研成果，都是在我担任校长期间取得的。也有人说我误人子弟，年岁在增大，校长公务缠身，还有多重身份，怎么有时间备课，如何能静下心来教书。但我总是把自己30多年的教学实践经验毫无保留地传授给青年教师，把欢乐与笑声带给每一堂课的每一位学生。我所追求的课堂教学效果不是每节课都过得去，而是"每节课都精彩"。

"课本上找不到！"这是我在课堂上经常说的一句话。我之所以经常说这句话，是因为很多学生从小学到初中、高中对课本较依赖。老师在课堂教学中只要提到一个新问题或讲授新内容，学生最习惯做的事情就是翻课本，希望能在课本上找到答案。殊不知，这样不仅分散了学生的注意力，而且导致学生很难投身于知识产生的全过程。

对于教辅资料的使用，我也有自己的看法。多年来，我对教辅资料市场的混乱和教师对教辅资料的过分依赖一直有看法，还很担心，尤其是担心青年教师对教辅的依赖，很可能会贻误其专业成长。在一次高三例行推门听课的课堂上，授课教师对教辅资料的过分依赖，终于让我到了无法容忍的程度。于是我在我的博客上发表了推门听课发现系列文章之《过分依赖》，道出了我一直想说而窝在心里的话。

所谓"过分依赖"，就是指在高考第一轮复习过程中，教师没有形成自己系统的备课笔记，而是过分依赖教辅资料。

早在十年前，市教育局教科所何鼎友所长就在全市高考试卷抽样分析报告中指出：一些高三毕业班的教师，没有形成针对自己所教学生的备课笔记，而是被手中的教辅资料牵着鼻子走，"一本书讲半年"。十年过去了，"一本书讲半年"的问题不仅没有得到很好解决，而且过分依赖教辅资料的现象更加严重。教师手中有所谓的教师用书，从内容安排到例题讲解，再到练习答案，一应俱全，学生手中也配备了专门的学生用书，内容、例题、练习样样齐全，例题有详解，练习有答案，特别是很多教辅资料连练习卷都配备齐当，评分标准及答案详细、具体，教师需要安排考试的话，可以用现成的试卷。不难想象，这样的教辅资料在一定程度上是很受欢迎的。因为教师使用这样的教辅资料，能省去很多时间与精力，一些比较"忙"的教师可能简单到只需要在课前看看教辅资料就可以走进课堂；还有极个别责任心缺失的教师可能在课前连看看教辅资料的时间都没有，一点准备都没有地走进课堂，与学生一道"脚踩西瓜皮，滑到哪里是哪里"。当我们很多教师还在为按照哪一条复习线索去组织复习而苦苦思考的时候，当我们很多教师还在为不同层次的同一内容如何整合而煞费苦心的时候，当我们很多教师还在为选择什么样的题目来巩固知识而绞尽脑汁的时候，当我们很多教师还在为选用哪些练习题来巩固知识、反馈教学而不知所措的时候，我们回过头来把教辅资料打开，发现教辅资料里什么都有。然而，教辅资料真的有那么神奇吗？其实，过分依赖教辅资料，可能会省去某些教师的一些时间，但其带来的后果是十分可怕的，也是我们不愿意看到的。

首先，现在市场上很难找到一种完全适合各级各类学生的教辅资料。我们知道，现在市场上销售的一轮复习教辅资料，基本上都是各个省份都合适又都不完全合适的"一本通"版式。所谓"一本通"，就是指相关学科的各个模块内容都集中在一本教辅资料上。由于各个省份的高考内容模块及考试范围并不是相同的，而出版社也很难根据各个省份的考试范围单独组织、安排内容，所以市场上相当多的教辅资料都是把整个高中课程标准要求的内容全部编写进去，由教师在上课的过程中根据本地的考试范围和学生选考的模块自主选择复习内容。

其次，无论是教辅上的习题还是配套的练习题，都不可能完全适应训练与反馈的需要。我们知道，一轮复习的最重要过程之一就是单元训练，即在每个单元或阶段复习结束以后，要进行相关内容的训练，主要发挥其诊断功能、巩固功能、反馈功能和评价功能，特别是还要体现其训练学科规范（主要是答题规范）的价值。当各省高考题呈现在我们教辅资料上时，难免就会出现一些过难的题、陈旧的题、"不对路"的题，这些试题的出现，不仅会误导学生，而且会耽误学生的时间。

最后，高考复习过程中过分依赖教辅资料是教师专业发展的大敌，是青年教师成长的绊脚石。我们知道，第一轮复习需要把高中前两年的教学内容进行有机整合，使它们既要符合知识的逻辑顺序，又要自主建立一定的知识体系，可以说第一轮复习的规划与备课，不仅是对教师专业能力及教学水平的直接检验，而且是对教师的教学组织能力、知识系统化能力的锻炼与考查。过分依赖教辅资料，一方面，把最有含金量，也是最为繁杂的第一轮复习备考工作变得异常"简单"，让我们的教师丧失了创造的原动力，也丧失了不断锻炼与提高的机会；另一方面，没有呈现给学生最为"校本"的教学内容及复习思路，课堂教学效率是不能保证的，复习效果可想而知。我们经常这样说，高三的复习过程，与其说是与学生一起备考的过程，倒不如说是教师的专业能力迅速提高的过程。不可否认，完整经历了完全属于自己的高三备考复习过程的教师，可以说是对自己教学业务的一种升华，对自己专业能力的一种提升，而过分依赖教辅资料，对某些人来说可能会有所收获，但无论如何，其所得到的回报都是不可能与把自己完全融入高三备考复习全过程相比较的。

当然，我们强调不能"过分依赖"，并不是完全否定教师与学生对教辅资料的合理使用，学生在高强度、大容量的复习课后，没有教辅资料作为抓手是很可怕的。同样，教师不通过教辅资料来落实或安排学生的学习任务也是很可怕的。因此，我们一直在表明这样一个观点：在使用任何一种教辅资料的时候，我们都必须学会放弃，都必须学会选择，都必须学会再创造。简单地讲，就是帮助学生选用最合适的教辅资料，安排最合适的复习内容，进行最合适的学科训练。所有的这一切，都是以教师认真备课为前提的，无论在哪一轮复习的过程中，教师都应该有属于自己的备课笔记。教辅资料可以是你手中的线，你可用它来让学生与你一起同行，但绝不能让它牵着学生的鼻子走！

我对教辅资料的使用，不仅有自己的观点，而且在教学实践中也有自己的做法。从教30多年来，无论是高一、高二新课内容的推进，还是进入高三的备考复习，我从来没有使用过现成成本的教辅资料，学校或年级统一征订的教辅资料，我也基本不用，最多也只是从中选择一些例题或练习题讲解，更不会要求学生另外订购其他的教辅资料。但这并不代表我在教学中不用教辅资料，我在教育教学过程中全部使用自己编制的导学案，考试时全部使用自己命制的试题。我在教学实践中，采取的是一体化的导学案，即导学案是从教案改编而来的，主要用来指导学生的课前预习，并引导学生科学地做好课堂笔记。尽管我于2000年前后就形成了自己的电子备课资料，但我始终坚持一个原则，就是不备课不进课堂，即使是在大力推广"小备课"的今天，我也总会在课前把教学设计打印出来，并根据要求在课前"小备课"。在我的电脑里，从2000年开始，每一轮教学的电子备课稿都有保存。虽然每年保存下来的电子备课教案大大方便了我备课，但节省的只是我的一部分文字录入时间，我从来没有把上一轮的电子备课教案直接拿来用，而总是根据最新的理解与认识，融入新的教育理念，结合每一节课后的教学反思，全面修订上一轮的电子备课教案。

我的备课不受传统模式的制约，不断形成了自己的电子备课模板。我把备课的内容限定在课程标准要求、教学目标设计、教学线索确定与教学内容安排等方面,把一节课分为两个阶段。一是引入新课,通过设置一些情境为新课的引入做好铺垫。这里所谓的情境,可以是对上一节课内容的复习与总结,可以是对新知识、内容相关的问题提问,也可以是课堂实验,还可以是例题讲解。如安排一道例题让学生解决,并设法让学生在解决问题的过程中认识到新问题与已有的认知有冲突与矛盾,为了消除这些冲突与矛盾,自然而然地引入新的知识或方法等。二是讲授新课,这是一节课的重点,即按照课程标准或考试大纲安排具体的教学内容。我在"讲授新课"环节,非常重视学生的知识建构,往往会在建构知识的"支架"上花费很多的精力与时间。我认为,科学探究是建构知识的一种重要途径,但绝不是唯一的途径。我认为,建构主义学说中所讲的"支架"固然非常重要,但不同的知识点,同一知识的不同阶段,所需要的"支架"是不一样的,特别是建构知识的"支架",也会因不同的教学内容而有所不同。

在我的课堂教学中,有一些"独家绝活",有人说这是风格,其实这是能力,是驾驭课堂、驾驭课程、引领学生的能力。有一天,霍邱二中的一位副校长无意中走进了我的课堂,下课后他从教室里出来说的第一句话就是"我们做不到,也学不来"。这也许就是我课堂的魅力所在。

很多人都在追求普通话教学,很多演讲比赛、说课比赛,甚至是课堂教学大赛,都对普通话提出了特别的要求。对于这样的要求,我有自己的看法。使用课堂语言的前提,必须是学生能听得懂、领得会、听其言、知其意!如果有一种课堂语言,学生听得更明白,更容易接受知识,那么这种课堂语言无疑是最好的。换句话说,平时的课堂,如果过分追求普通话教学,教学效果也不一定是最佳的。我们知道,一个地区流行什么方言,甚至一个地方有哪些方言,都是当地劳动人民在生产实践中特定的背景下创造出来的,最容易被领会,也是最通俗、直白、易懂的地方性语言,也特别容易被当地人所接受。所以,作为教师,平时的课堂除了有特别要求以外,用当地的方言教学不一定是坏事。

教无定法,但教学有法。无论是传统的教学法,还是近代的教育理论,要应用到教学实践当中去，需要在自己的教学过程中加以内化，照抄照搬、拿来主义，不仅不能起到应有的作用，而且会影响教学效果，也就是"知"还必须落实在"行"上。

我对教学法的应用，从来不是"拿来主义"，都是通过认真研究，不断地将教学法内化成自己的教学实践，在行动上反复探索，最终形成自己的教学方法。

"自主、合作、探究"的学习方式，是新一轮课程改革的最大亮点。在课堂教学中切实落实自主学习、合作学习与探究学习，既是落实课程改革的具体要求，又是提高课堂教学效率、提升教学质量的重要手段，同时也是尊重学生的个体差异和不同的学习需要。学生主动参与教学活动，激发了学生的学习积极性，培养了学生掌握和运用知识的态度和能力，使每个学生都能得到充分的发展。但在我们的教学实践中，能够把"自主、合作、探究"的学习方式用于实践的学生少之又少，这不仅仅是因为学生理解不了的问题，更是因为他们不知道如何运用。我通过研究"洋思教学模式"和"杜郎口教学模式"，结合自己多年的教学实践，先是对课堂教学提出了"三先三后"模式要求，最后根据实际情况把"三先三后"调整为"四先四后"，让"自主、合作、探究"的学习方式得到了有效落实。

"先学后教"。所谓"先学后教"，简单讲就是教师在教某一内容之前，要求学生先自学，在自学中发现所学内容中的难点，留下学习过程中的疑点，在教师的教学过程中集中解决难点问题，化解学习的疑点，以提高课堂效率为最终目的。有的教师说，所谓的"先学后教"不就是课前预习吗？是的，但不完全是课前预习！课前预习往往要求比较低，预习的效果难以评测，学生预习的目的性、指向性不强，效果可想而知。而"先学后教"，则是一种教学策略与要求，是每一位同学课前必须做到的事情，通过导学案等文本材料引导学生自学，教师可以通过学生自学过程中在文本材料上暴露出的一些问题，有准备地安排教学环节，有针对性地解决学生在自学过程中的共性问题，教学效果会更好，教学质量会更高。学生要完成教师所要教授的教学内容的自学，尽管有导学案的引导，避免了学生学习的盲目性，但学生所选择的学习时间、学习方法、学习重点,更多地体现了学生的自主性。所以,"先学后教"所体现的实际上就是课程改革方案中所要求的自主学习,而且是效率更高、指向性更强的自主学习。

"先思后说"。所谓"先思后说",就是针对课堂上一部分学生在教师提出问题之后,思考不深入或信口开河或回答问题过于肤浅等现象而提出的一项课堂教学要求。在我们的课堂上,很多教师都因为学生回答问题不能达到教师预设的教学要求而苦恼。学生抢着回答老师提出的问题,应该说不是什么坏事,但不经过缜密思考而抢答则是一个教学问题:一是少数或个别学生抢答会剥夺其他同学思考或回答的权利;二是会误导一些学生不积极思考问题,甚至会养成思考不缜密的习惯;三是乱七八糟的回答会打乱老师预设的教学情境。"先思后说",即要求学生在老师提出问题之后,并不急着去回答问题,而是积极思考,对可能的答案提出各种假设,再在脑海中反复比较、充分论证、优化后再做出选择,最后表达出来。显然,这种"先思后说"的教学要求,明显带有探究学习的成分,是探究学习在课堂上的具体体现。

"先议后答"。所谓"先议后答",就是学生在老师提出问题后,经过深思熟虑,与同桌或学习小组进行充分交流,形成比较完整的答案后再进行回答。我们知道,课堂上总会有些同学比较活跃,但思考问题比较肤浅,表现欲特别强,在老师提出问题之后抢着回答,由于思考问题不够深入,可能他的回答不够全面。如果在老师提出问题之后,同桌之间或小组内的同学对老师提出的问题进行充分讨论,甲同学的观点不够全面,乙同学的答案不够完整,通过讨论,大家的观点相互碰撞,大家的答案互相补充、相互完善,就可以形成一个相对正确且完整的答案。同时,在讨论的过程中,学生之间相互启发、相互借鉴,也达到了相互学习、共同进步的目的。显然,"先议后答"的教学要求明显带有合作学习的特点,是合作学习的一种具体体现。

"先做后讲"。所谓"先做后讲",就是在上习题课或试卷分析课时,在教师讲解题目之前,学生必须先做一遍,特别是试卷分析课,教师的试卷分析必须在学生对错题进行纠正之后才可以进行。可以肯定,对教师所要讲解的题目,如果先让学生熟悉教师再讲解,与让学生面对一个陌生的题目由教师直接讲解，效果会截然不同。习题课也是课，习题课更需要讲究效率。在习题课教学中，不仅仅是让学生会做典型题目，而且还要明确解题思路，优化解题过程，做到举一反三。所以，"先做后讲"实际上是高效学习的一种教学要求。

备课是教师课前必须进行的环节。我从走上高中化学讲台的第一天起，就一直有一个严格的自我要求：不备课坚决不进课堂。我的课堂之所以受学生的欢迎，除了我在课前进行科学的规划和精心的设计外，我还习惯在课前进行二次备课，即按照课堂板书的线索进行课堂整体规划，真正做到了课堂教学内容、教学环节、教学线索烂熟于心，外化于课堂的一分一秒，特别是课前的二次备课不仅成了我多年的良好习惯，而且让我萌生了对全体教师提出二次备课要求的设想。随着信息技术手段的不断更新，从1998年开始，我在电脑中专门建立了"我的备课笔记"文件夹，逐步形成了自己系统的电子备课稿。有了电子备课稿，虽然方便了我今后各轮教学的备课，但我在备课时从来不会原原本本地用以往的备课资料，每一轮的备课都会在原有备课稿的基础上，结合教学反思和自己对相关内容的感悟认真修订。特别是这中间经历了2006年开始的新课程课堂教学改革和2009年开始的安徽省高考自主命题，无论是教学目标和要求，还是教学内容和教科书体例都在不断地变化，这对我的备课是新的挑战，但我总是认真对待每一轮备课，严格要求自己，坚持不备课不进课堂。

随着教师专业发展要求的不断提高，新课程对教师专业发展提出的"专家引领、教学反思和校本教研"不断深入人心，集体备课作为校本教研最为普遍的一种形式，为越来越多的学校所接受。但如何落实集体备课，是一个非常值得探讨的问题。所谓集体备课，基本的范式就是所谓的"六定"：定备课人，每学期的开始，教研组活动的第一件事就是进行任务分工，把一学期的教学内容进行分解；定形式，一人主备，大家辅备，即备课组的同事根据主备人提出的教学方案进行研讨，提出修订意见，再由主备人集中修订集体备课的初稿，最终确定为大家共享的集体备课稿，上传到某一个共享平台，供大家下载使用。还有就是定时间、定地点、定要求、定进度等，选择一个确定的时间，大家来到同一个地方，围绕主备人提出的方案，对教学目标、教学方法、教学要求、教学内容、教学线索等进行讨论。但这种集体备课带来了很多的问题，有些问题可以忽略，但有些问题对我们的教育教学，甚至教师的专业成长是致命的，主要问题包括：一是看似大大降低了老师们的备课强度，从原来的每一章每一节的教学方案都要自行设计，到现在的备课任务由同一年级教师分担，让老师从备课中解放出来，这是一件好事，但这也让一些教师对集体备课产生依赖性，甚至很多教师把使用统一的备课稿作为自己不写备课笔记的理由；二是集体备课最为重要的环节——讨论，很可能会因大家发言不积极、思考不主动、提出的问题不深刻，难以达到对原教学方案进行完善与补充的目的，往往会让集体备课"一人独备众人通过"；三是集体备课后最重要的环节是教学内容的内化，即把集中了备课组教师集体的教学智慧内化为自己的教学实践，在自己的课堂上创造性地使用，而不是不加选择地照搬照抄；四是真正意义上的集体备课对青年教师的成长非常有价值，能够有效加快青年教师的成长步伐，但弄不好就会出现个别教师过度使用或过分依赖的情况，即一切按照集体备课设计的方案教学，没有变化、没有创造。由于教学方案中的很多设想是需要教师有一定教学功底或教学经验才能落实的，这对青年教师的成长来说，无疑是"邯郸学步"，本应该不断习得或悟出的教学基本能力或教学处理方法，现在变成了直接拿来，这对青年教师尤其是专业发展自觉性不高的青年教师的成长是极为不利的。

针对当前集体备课中存在的诸多弊端，很多学校都认识到其中存在的问题，却没有找到很好的解决办法。我在长期的教学实践和教学研究中，逐步摸索出了两种解决问题的办法。

一是开展三段式校本教研。即把集体备课从原来的一个环节一项内容往往只有一节课的时间，改革为轮课、评课与备课三位一体的模式，时间也增加到下午半天时间，从每周二到周五下午，各教研组或备课组分别在指定的地点开展三个阶段的集体备课。第一阶段是轮课，即按照开学时各备课组或教研组安排的轮课表，下午的第一节课由轮课教师上课，可以在多媒体教室中上课，也可以在学生的教室上课，教研组或备课组的全体成员到指定地点集中听课。第二阶段，全体备课组或教研组成员到集体备课室或教研活动室集中评课，即对刚刚听过的一节课进行评价，活动及评课内容记录在教师的业务档案中。第三阶段就是以往的集体备课，强调充分发挥集体的智慧，即对下一周的教学内容进行安排，统一教学进度，统一教学要求，统一教学内容，甚至统一进行单元或练习测试，等等。显然，这种集体备课更体现了校本教研的完整性，从只分享教学设计方案，到同时分享课堂教学技术，集体备课有了一个可复制的固定模式，把校本教研落到了实处。

二是提出了"小备课"。即要求全体教师在集体备课的基础上开展二次备课，把二次备课以"小备课"的形式呈现，学校的教学业务检查只集中检查"小备课"，不再检查全组统一、实用性不高、流于形式或应付检查的"教案"。学校专门印制了小备课用笺，要求一课一备、一课一笺，课前备。对于如何进行小备课，我提出了"补救、补充、规划、反思"的具体设想。所谓"补救"，就是对上一节课教学中的问题进行补救，补救的具体做法根据上一节课中出现的问题而定。所谓"补充"，即针对上一节"小备课"没有完成的规划或预设的教学任务，或在课后反思中发现有必要给学生补充的教学内容与方法等，在这次课的课前或课中补充。所谓"规划"，是小备课的重点内容，主要是根据集体备课所安排的教学目标、教学内容，对本次课的教学任务、教学内容和教学环节进行规划。所谓"反思"，是指对这节课的新体会、新感受、新发现进行总结，为再教或再备课提供参考。

知行合一并不是一般的认识和实践的关系，而是知中有行，行中有知；以知为行，知决定行。知是行的主意，行是知的工夫；知者行之始，行者知之成。有人说，在我的课堂上和教育教学管理思想中，都充分体现了"知行合一"的教育理念。我想说，我正是因为受到了中国传统教育思想精髓的启发，才形成了自己独特的教育理念。

立德树人　用真情践履教育初心

　　不存在无德育的教育，因此，我非常重视学校的德育工作（有研究、有观点，还有一系列的实践）。我不论是在霍邱三中担任班主任，还是在霍邱二中担任分管德育工作的副校长，再到后来担任霍邱二中、霍邱一中的校长，都把学生德育放在重中之重的位置。

　　当然，我对德育工作的理解与实践，也经历了一个从模糊认识到清醒认识，再到必须把德育工作放在各项教育工作的首位的认识过程。从我做起，从自己所管理的学校抓起，以德育为抓手，统领学校的各项工作。之后，我在加强学校德育工作方面，多管齐下，不仅发表了大量的博客文章，阐明了很多德育观点，对广大教职工进行思想武装，而且进一步明确德育工作主题，明确具体的德育内容，设计了一系列的德育活动，创建了一系列的德育载体，甚至把一些德育要求编成歌谣，让学生诵读，全方位对学生进行品德教育，让学生学会学习、学会生活，更要学会做人。同时，学校把所要开展的德育实践和行动研究设计成研讨课题，并申报立项。

　　我认为未成年人的品德教育，应该上升到一个更高的层面，应该成为国家战略。于是，我发表了《未成年人品德教育是国家战略需要》的博文，引来很多"粉丝"的围观。当然，也有人认为我在唱高调：你把你学生的品德教育抓好、落实好就行了，大谈国家战略是不是太过于"家国情怀"了？其实，这篇博文所表达的正是我的真实想法，也是我对学校德育工作的高度认同。

为了进一步统一广大教职工的思想，提高他们对德育工作重要性的认识，逐步形成学校"全员德育、人人德育"的氛围，我积极思考、反复论证，结合学校教育教学实际，针对高中生的身心特点和学习特点，提出了一系列的德育观点，让广大教职工内化于心、外化于行，不断提高德育工作的实效性。这些观点后经整理形成了《更新德育观念，有效开展德育工作》一文，发表在《中小学校长》2011年第10期上，具体内容如下（有改动）。

什么是德育？不同的文献中有不同的表述。教育工作的任务就是培养德智体美劳全面发展的社会主义建设者和接班人。当前，"五育"中的德育越来越受到人们的重视。然而，当前德育工作的有效性问题，已经引发了很多人的思考。现从最为基本的德育观念入手，浅谈开展有效德育的问题。

一、养成教育是最为基本的德育

学校德育工作千头万绪，学生工作需要处处讲德育，时时重德育。学生处于从行为到习惯的关键期的小学、初中、高中时期，养成教育应该成为当前各级各类学校德育工作的重要抓手，尤其是义务教育阶段的学校，养成教育应该成为学校最为基本的德育工作之一。学校德育工作的核心就应该立足于帮助学生养成良好的文明习惯，改掉或纠正不良的恶习与陋习，与此同时向学生谈人生价值、谈人生理想、谈世界观，这才是正确的德育思路。否则，养成教育不落实，其他德育难见效，学校德育也只能流于形式。

二、是非观是最为基本的道德观

所谓道德观，其含义应该是非常宽泛的，包括方方面面。关于道德观，其是人们对自身、对他人、对世界所处关系的系统认识和看法，属于社会伦理的范畴，中国传统哲学中的道德观主要是指以儒家为正统的传统道德。事实上，无论是道德观已经形成的成人，还是道德观还在形成当中的中小学生，最为基本的道德观就是是非观。简单讲，我们要分得清什么是"是"、什么是"非"，尤其是在大是大非面前能够站得稳立场，保持清醒的头脑，绝不能像动物那样靠"条件反射"去对事物或环境产生好恶。如果一个人连最为基本的是与非都没有办法分辨的话，其后果必将是很难想象的。因此，我们的学校德育也应该从教会学生分辨是与非开始！

三、诚信是重要的德育目标

众所周知，德育的目标是多维的，包罗万象的，但无论哪种形式的德育，最为基本的目标之一应该是诚信！这些年来，诚信这个词一直是社会最热门的词汇之一，人人讲诚信、处处讲诚信，已经成为构建和谐社会的目标要求。然而，由于受到社会各方面因素共同作用，开展诚信教育难度较大：从"以诚待人"的德育实践要求，到形成社会诚信的价值体系，是一个复杂的过程。但作为学校德育工作者，必须为构建社会诚信价值体系不懈努力。同时，学校德育工作者的特殊历史使命也决定了学校德育工作必须把诚信教育作为最重要的德育目标之一。

四、感恩教育是重要的德育内容

德育实践不断告诉人们，感恩教育越来越迫切，感恩教育也越来越重要。一些成人、中小学生道德缺失的根源是缺少感恩意识。可以肯定地说，懂得感恩父母的孩子，一定会珍惜来之不易的学习时间和学习机会，也一定会以积极上进、刻苦学习的态度来报答父母；懂得感恩学校的学生，一定会尊敬老师、团结同学、爱护公物、遵守纪律，也一定会以优异的成绩和出色的表现报答母校；懂得感恩社会与国家的人，一定会遵纪守法、立志成才，以实际行动报效社会与祖国。因此，感恩教育不仅要成为学校德育的主题，而且需要通过不同的活动载体，让学生在感恩中成长，在感恩中进步。

五、"善育"是德育的重要元素

学校德育内容是非常广泛的，德育工作者要做的事情也很多，从养成教育，到人生观、世界观、价值观的"三观"教育，处处都需要我们德育工作者用心、尽力。在中国的传统德育中，还有一个非常重要的元素不能被忽视，必须在德育中得到有效落实，那就是"善育"。所谓"善育"，就是以善举为主要行为目标的教育，是德育的重要组成部分。古人曾告诫我们，要与人为善，现代社会也强调"以善从事"的重要性。不难看出，"善育"虽然可能对很多德育工作者来说是陌生的，但"善育"在各种德育目标中也是最容易实现的一种。因此，我们在学校德育实践中，一定要倡导善待他人，凡事要从善意出发，在重大事件面前要有义举或善举等，以善制恶，不断达成德育的多维目标。

六、德育离不开活动载体

由于道德观念的抽象性、难复制性，决定了德育工作的高难度，德育是不能凭空说教的。让学生听几场政治报告、学习几份文件，甚至让学生把老子的《道德经》背个滚瓜烂熟，这都不一定是有效德育。所有的德育必须依靠一些重要的活动载体，只有通过经常性、多样化，生动、直观、形象的德育活动，才能让学生切身感受到学校德育的意义，也才能进一步提高德育的有效性。

七、德育需要样本示范

德育需要有现实的标杆，让受教育者在生活中能体验、感受到德育物化的结果，具体说就是要有一个又一个德育范本或案例来让学生去感知。中小学生都非常熟悉雷锋、王进喜、黄继光等英雄人物，甚至把他们作为偶像来崇拜；同时，一些以典型人物为题材的戏剧、电影与故事等，在特殊的时代背景下也产生了有效的教育作用，如《狼牙山五壮士》《红灯记》《小花》等经典作品曾激励或影响了一代又一代人。如何让我们的孩子能够经常、直接地感受到我们身边的道德模范，最现实的办法莫过于让我们的教师都能成为道德模范的化身，通过他们的一言一行来给我们的学生做出表率与示范。因此，学校德育工作不只是学校德育部门的工作，而且是全体教师的、全方位的工作。

八、课堂仍然是德育的主渠道

当前，学校教育的现实已经告诉我们，由于升学的巨大压力，学生开展德育实践的空间太小、时间太少，过多开展课外德育活动，或许非常有必要，学生也非常乐意，但能否取得家长甚至班主任的认同，是一个非常大的问题。会议不能经常开，参观考察次数有限，活动不能频繁开展，橱窗也不能三天两头换，但学校的德育工作无论如何也不能弱化。因此，当前的德育工作仍然需要回归到课堂教育的主渠道上来。其实，我们的学科课程中、教科书中，都蕴藏着十分重要的德育元素和重要的德育资源，它们有着十分重要的德育价值。在我们的新课程三维教学目标中就有德育目标，即情感态度与价值观。因此，无论是对现实升学压力的考量，还是从德育实践的有效性出发，或是为了实施课程改革的需要，都需要我们充分开发学科课程或教科书中的德育资源，都需要我们不断利用课堂主渠道实施德育，只有如此，人人德育、事事德育才能真正有效地实现。

九、学校德育是反复德育

德育工作是一个周期很长的系统工程，德育工作的复杂性表现为对学生道德塑造中的反复性、迟效性、不稳定性等。我们不要幻想几天就能见到德育工作的效果，如果某一次的德育实践就能让学生形成一种道德观念，那么绝对是受教育者的一时冲动。所谓的"5-2＜0"，即5天的正面教育敌不过2天的负面影响，就形象说明了德育工作的艰巨性及复杂性。这给我们德育工作者提出的问题是如何让学校德育成果保持长效，甚至惠及学生一生！因此，解决这个问题的最有效办法，就是"不断强化"和"以反复对反复"！"不断强化"，就是对一些传统德育或历史德育，通过不断强化的形式，让德育成果持续发挥作用；"以反复对反复"，就是在我们的教育对象通过与社会接触出现反复以后，我们不厌其烦地"再教育""再德育"，而且我们能做到什么程度就尽力做到什么程度！

在这篇文章里，我的这些观点不仅是我对长期德育实践的感悟，而且是我对德育工作的整体把握。

为了把学校德育工作深入、持久地抓下去，让更广大的教职工参与"教书育人、管理育人"的"全员德育"工作当中，我想到了通过课题来引领学校的德育实践，让广大德育工作者尤其是广大班主任在课题的统领下，在实践中研究，在研究中提升，把研究成果再用于实践。我向安徽省教育科学规划领导小组办公室申报了"中学生思想道德与习惯养成教育研究"的课题，很快获得了立项。经过三年的研究与实践，课题研究不仅收获了巨大的成功，在霍邱二中建立起了一整套可借鉴、可复制的德育工作模式，为学校的德育实践开拓了非常好的工作思路，也为行动研究类课题研究积累了极为宝贵的经验，而且取得了十分丰硕的课题研究成果（《做一位合格的中学生》专著出版）。该课题成果还获得了第八届安徽省教育科学研究优秀成果一等奖，这是此奖项设立以来六安市获得的第一个一等奖。

课堂有纪律，课间有秩序，言行有礼貌，心中有他人，天天有进步，这五个方面的要求，虽表述非常简单，但包含着非常全面的德育工作内容。课堂有纪律，现实一点讲，是课堂秩序的保障，从孩子的未来考虑，则是对中学生规则意识的培养，不断增强学生对法律、纪律的敬畏感。课间有秩序，是对学生在课间行为的约束，虽然这里没有具体要求学生课间应该干什么，但告诉学生，无论从安全考虑，还是从遵守公共环境要求来说都必须讲究秩序。言行有礼貌，是中学生必须养成的好习惯，这个好习惯必须从他们的一言一行开始做起，不断养成，是养成教育的最基本目标。心中有他人，则是对中学生提出的更高层次的要求，也是为了中学生全面融入"人人为我，我为人人"的社会的客观要求，尤其对独生子女的行为会产生积极的引导作用。天天有进步，是学校教育的终极目标，不求中学生一次或一天有多大的进步，而是要求学生做到天天有进步，而且这里所说的进步，不仅仅是学习上的进步，还包括身体上的进步、品德上的进步。

当时，霍邱一中作为霍邱老百姓孩子升学最向往的学校，它的升学状况往往成为霍邱教育发展的晴雨表，长期承担着引领霍邱教育发展的重任，因而学校长期承受着巨大的压力。这么多年来，霍邱一中虽然在高考升学上取得了突出的成绩，受到社会及家长的肯定，但在德育工作方面仍有待改进。我调到霍邱一中后，为了深入持久地强化德育工作，从规范学生的行为入手，围绕养成教育，做了大量的卓有成效的工作。如，制定了"前不扫眉，侧不盖耳，后不压领"的"三不"发型标准，出台了"禁止吃零食，禁止夜不归宿，禁止男女生不正常交往，禁止违规使用手机，禁止打架斗殴，禁止抽烟喝酒"的"六禁"要求。特别是我于2015年、2017年分别向安徽省教育厅申请了"中学生一月一主题德育实践模式研究"课题和"基于社会主义核心价值观培育的德育资源开发与利用研究"课题，均获得了立项，2017年立项的课题还被评为省级重点课题。"中学生一月一主题德育实践模式研究"课题不仅取得了很多成果，而且在实践中已经形成了非常系统的月主题德育实践活动方案，并在霍邱一中的管理工作中加以强化，收到了非常好的效果。

建功立业　在创建中成就学校发展

　　霍邱二中从一所基础薄弱的完全中学，到在全省有一定影响的具有显著办学特色和丰富办学内涵的省级示范高中，不仅是我们开拓创新的结果，也是我们高举创建大旗，引领学校不断开创新局面，注重内涵发展和特色发展的结果。霍邱二中创建省、市示范高中的历程，就像我从一般教师成长为学校管理人员，直到担任学校校长一样，充满了坎坷与辛酸。

　　我从1984年走上三尺讲台，就立志成为一名优秀的教师、优秀的班主任，但我从来没有想过要成为学校的管理者。我能从普通教师的岗位走上学校的领导岗位，既是时代的选择，也是大家的期待。但道路是曲折的，我1989年走上学校的管理岗位，到后来担任校长，可以说每一步走来都不容易。

　　1989年5月，我到霍邱三中任教也已经有5年了，担任第三届学生的班主任也已经快一年的时间了，这时候我遇上了进入霍邱三中任教以来的第一次团代会。当时与我一起大学毕业后在霍邱三中任教的一位同事进步较快，他已经进入政教处工作，担任政教处副主任，学校考虑到我担任班主任后取得的工作成绩及教学业务能力表现，决定让我进入团委工作。为此，根据有关组织程序，学校党组织把我作为团委委员推荐到这次团代会上，最后经过选举确认。

可能是我当时担任授课教师的班级比较多，所教授的学生多，且我对工作负责，教学效果好，因而，在团委委员选举中，我得到了最高票。这是对我教育教学工作的肯定，也是参会师生对我的一种期待与鼓励，但在接下来的团委书记人选确定上出现了"插曲"。因为学校党组织拟推荐的团委书记并不是我，而我又以绝对多的票数当选为团委委员，团委选举谁担任团委书记成了一个不大不小的问题，这让当时的霍邱三中主要领导非常为难。后来，学校党组织不得不给出了一个"妥协"方案，不再产生团委书记人选，由我担任团委副书记，临时负责学校团委工作。团委副书记不属于学校中层班子人员，因此不需要教育局考核认定，只需要报到教育局备案。就这样，从1989年6月到1995年5月，我在霍邱三中担任了长达6年的不是团委书记的团委书记，也成了不是领导班子的班子成员，直到1995年6月，因一位教务处副主任退休，经教育局考核认定，我正式进入霍邱三中的中层班子，担任教务处副主任。我在紧接而来的中考、高考、会考中，配合教务处伯克清主任负责考务工作。但我在担任霍邱三中的教务处副主任不到三个月，又因工作需要，不得不离开热爱的学生，离开熟悉的工作与环境，到霍邱二中担任副校长。

1995年8月，我收到了调任霍邱二中任副校长的调令，虽然多年的努力终于得到了组织上的认可，但心里却充满了不舍。我所带的第三届三年制的学生才刚刚上完高一，我舍不得离开这些可爱的学生。特别是当时的霍邱三中发展势头强劲，教学质量逐年提升，而霍邱二中正处在其发展史上的最低谷，当年高中招生计划为三个班，在录取来的135名统招生中有71人未报到，甚至有的家长吓唬厌学的孩子：不好好学习给你送到霍邱二中去。我回到霍邱三中以后，每天都有电话催我尽快接受任职谈话，并去霍邱二中履职，可是我总是一次又一次推辞。终于有一天，干部科张有武科长打来电话说，这次调动必须无条件服从，就是教书也必须得去霍邱二中教！就这样，我不得不去霍邱二中开始了3年副校长和16年校长的职业生涯。19年的辛苦耕耘，19年的呕心沥血，19年的倾心付出，我终于带领霍邱二中人历经千辛万苦，多次创建，多轮改革变轨，让霍邱二中走出低谷，迈入良性发展的快车道，霍邱二中一跃成为全省知名的省级示范高中。

那个时候的霍邱二中，是一所完全中学，既有高中部，又有初中部，高中部每个年级有3个班，初中部每个年级有4个班。校园内设施破旧，满目凄凉，一个教室改建的学校办公室，学校领导班子都集中在此办公，办公室正中间放着一张会议桌，开会倒是方便，不出办公室把椅子一围就开起来了。一部电话机被锁在一个只能拿起话筒接听电话的木盒子里，无论是谁向外打电话，只能请办公室的一位小伙子把木盒子打开——当然也只能是公事，而且必须是非打不可的电话！从大门进去，一条和大门并不是垂直的主干道，北高南低直通校园南面的教师家属区。校园内布满了教师的自建房和由教室改建的房改房，两大两小或一大一小带小院的教师宿舍穿插于教室与学生寝室之间。学校的教学用房除了一栋两层18间房子的实验楼外，全部是一排排连廊的平房教室。高考成绩连年走低，领导班子与群众对立情绪严重，教职工人心涣散，只有道路两边那些参天的梧桐以顽强的生命力向人们展示着它们的勃勃生机。破旧的大门两边都是临街的门面房，对内对外同时营业，那些经营小商品的店里总会躲着一些逃学的学生。

1998年8月16日，县委正式任命我任霍邱二中校长，王勇、余树宝任霍邱二中副校长，三位校长的年龄总和不足100岁，开创了霍邱教育史上如此年轻校长搭班子的先例。

从1995年到1998年，经过三年的调整，霍邱二中教师的精神面貌、学生的学习状态，包括社会声誉、办学条件有了一定的改观；建了一幢有24间教室的教学楼，但面积不大。校园被教师宿舍占据三分之二的面积，特别是校园南部各式平房杂乱无章。我看在眼里，急在心里，决定从改变或改造校园环境面貌开始来改变社会对霍邱二中的不良印象。

在上任不久后的一次班子例会上，我把大家带到了办公室前两栋楼之间的白杨树林里。我说，改变学校外在形象，必须从硬件着手，这么多平房占据着校园绝大部分场地，学生的活动空间严重不足，要通过拆迁解决教学用地不足的问题,尽快实现校园教学区、教师生活区、学生运动区和学生生活区的相对独立。就目前的校园现状,我们必须分多步走;第一步,解决教学区相对独立的问题,再建一栋综合教学楼,与原教学楼形成相对独立的可封闭的院落,实行教学区全封闭,最大程度减少校园内住户活动对教学的干扰;第二步,对沿街的教师住宅平房进行拆迁,沿街建一栋教师住宅楼,一楼设计为门面房,以满足原住户经商的需求,减轻拆迁压力,同时向东征地3.7亩,再建一栋住宅楼,将校园南部与西部的教师平房全部拆除,让拆迁户全部搬入新建住宅楼中;第三步,对拆迁后腾出的空地重新规划,设计学生运动区,建造艺术楼和学生寝室。

当时,霍邱二中的债务高达276万元,正常运转都非常困难,盖教学楼搞硬件建设,特别是校园建设的三步设想,在很多人的眼里简直是天方夜谭。我决定通过借贷来发展硬件:一方面,设法通过企业垫资来建设硬件;另一方面,主动向银行借贷和教职工集资。为了说服对此有不同意见的人,我做了大量的思想工作。那个时候我最常讲的就是我们在消费观念上是"先攒钱再办事",还是"先办事再还钱"。

说干就干。虽然当时争议不少,但我一方面继续做大家的思想工作,至少在班子内部要达成意见的统一;另一方面联系了合肥某城乡建设规划设计院,请他们设计综合教学楼的图纸。很快建筑面积达6400平方米,六安地区单体建筑面积最大,被称为"皖西教育第一楼"的集实验楼、教学楼、学术报告厅综合楼设计完成。这个时候,霍邱实力最强的建筑企业主动找上门来,愿意全额垫资兴建。1999年8月,霍邱二中综合楼在质疑声中动工,历时一年,2000年7月,"皖西教育第一楼"落成。霍邱二中综合楼建成,它的现实意义不仅仅是霍邱二中办学条件的改善,而且在霍邱二中发展史上也具有划时代的意义,霍邱二中以此为转折点有了一个可持续发展的"三尺硬地",不仅在高中扩招方面抢占了先机,而且为创建市级与省级示范高中创造了绝好的条件。

1999年6月,中共中央、国务院在北京召开改革开放以来的第三次全国教育工作会议。此次会议发布了《中共中央 国务院关于深化教育改革,全面推进素质教育的决定》，从此迎来了高中阶段教育大发展的契机。在很多学校还存在教室、寝室严重不足，面对突如其来的高中扩招形势措手不及的问题时，霍邱二中因为综合楼的落成，2000年秋季学期共招收10个高中班，一跃成为六安地区当年高中招收新生最多的学校，也成为六安地区最大规模的高中。这是霍邱二中因超前谋划与发展所尝到的第一个甜头。

同样是1999年6月，六安地区教育委员会发布文件，启动六安地区示范高中建设工程，原有的七所地区重点中学，全部重新参与评估，并率先在六安一中、六安二中开评。我看到这个文件之后，立即召开了班子鼓劲会和教职工动员会，全面启动了创建示范高中的工作，大家一致的想法是：霍邱二中一定要赶在老竞争对手霍邱三中之前评上示范高中。一方面，我积极做县教委领导的思想工作，得到他们支持以后，开始上报申报文件；另一方面，按照文件要求对办学条件补差补缺，并准备评估细则中的软件。2000年3月，霍邱二中带着"速成性与脆弱性"顺利通过六安市市级示范高中的评估验收，成为开展此项评估以来霍邱县第一所通过评估的市级示范高中。

2001年3月，我被省教育厅抽调担任专家组成员，赴广德中学、绩溪中学、绩溪华阳中学参加评估省级示范高中工作。在三所学校的评估当中，通过现场检查硬件条件，听取学校创建示范高中的工作汇报，观看师生的素质教育汇报表演，查验软件资料，走访当地群众与学生家长，我收获了很多，学到了很多，特别是对创建省级示范高中的程序、硬件条件、资料建设、软件要求有了充分的了解，对于刚刚评上市级示范高中的霍邱二中来说，我也有了申请评估省级示范高中的想法。

有了当时县委、县政府，特别是县教委的强有力的支持，霍邱二中创建省级示范高中工作全面启动。一方面，学校派出软件资料建设人员，奔赴已经创建成功的学校学习经验、借鉴资料，全面落实软件建设工作；另一方面，学校成立拆迁领导组，加快校内拆迁步伐，教育局抽调专门人员，明确分工，协助学校有关人员"包保"拆迁户，一个大拆迁、大建设、大创建的氛围在霍邱二中强有力地形成。

霍邱二中创建省级示范高中的工作，道路一样是曲折的，过程也一样是艰难的，最大的阻力来自校内的拆迁户。对照创建省级示范高中对办学条件的要求，霍邱二中的硬件差距非常大，而校园面积又特别小，要进行硬件建设，唯一可以解决的办法就是拆迁，拆迁安置成了霍邱二中创建省级示范高中最核心的工作之一。为此，学校先后在大门口沿街和新征的土地上建起了两幢住宅楼，共拆迁校园平房住宅100多套，所有拆迁户搬入新居。同时，在拆迁后的土地上先后建起了艺术楼，还利用社会力量建起了学生食堂和一栋学生公寓。从2001年春季开始启动创建工作，到2002年年底省级示范高中评估专家来评估验收，不到20个月的时间，霍邱二中对照省级示范高中创建所要求的硬件基本达标。

2002年冬，由省教育厅相关同志和相关中学校长组成的专家组，代表省教育厅对霍邱二中创建省级示范高中的评估工作进行了验收。专家一致认为，霍邱二中已达到省级示范高中相关标准，符合省级示范高中评估所规定的条件，同意向省教育厅建议授予霍邱二中省级示范高中称号。专家组对霍邱二中在创建省级示范高中的过程中，所创造的后勤服务社会化的做法给予了充分肯定，对特色教育的成果给予了高度赞扬，并对霍邱二中高举创建示范高中大旗，努力实现薄弱学校转化的成功经验给予了充分肯定，也对学校在创建过程中形成的债务消化提出了建议。

携手同行　两岸交流的教育使者

2011年4月，安徽省教育厅与中国台湾铭传大学共建安徽教育中心，巧逢安徽经贸代表团开展"铭传亲缘宝岛行"经贸文化交流活动，安徽省教育厅决定借此机会进行安徽教育中心挂牌及安徽省赠送中国台湾铭传大学刘铭传铜像揭牌仪式。为此，安徽省教育厅在全省范围内遴选了以普通高中校长为主的教育代表，组建了"2011年安徽菁英高中校长研习班"。作为安徽教育中心的首批学员，我有幸成为这个班的27名学员之一，在台湾开展了为期21天的学习与交流活动。

为了保证27名学员抵台后保质保量完成交流及学习任务，出发前的培训是少不了的。在培训会上，安徽省教育厅不仅专门邀请了安徽省人民政府台湾事务办公室的专家进行了"台湾形势""对台政策"的专题报告，而且省教育厅外事处的领导还对此行的学员进行了赴台的基本常识培训。培训时，有关同志特别强调，此次行程中，需要到10所著名的高中交流，中华民族是一个礼仪之邦，台湾同胞作为中华民族的一个组成部分，也非常重视礼尚往来，要求每一位学员都要准备一份礼品，以备用时所需。27名学员全部聚集在合肥骆岗机场准备经停澳门飞往台湾之前，研习班负责人、合肥师范学院吴昕春副院长检查大家所带的礼品时,发现我所带的礼品与众不同——一大包装裱好的字画。在等待安检的时间里,大家带着好奇心打开了字画,原来这些装裱考究的可不是一般的字画,而是写有铭传大学等10所高中校训的书法作品。

由于这次在台湾学习的时间长,本来所带的行李就多,我还带上了笔记本电脑,一路上为了这一大捆字画可让我摊上了麻烦事,但我还是坚持把这些礼品带到台湾。第一件送出去的礼品是中国台湾铭传大学的校训"人之儿女,吾之儿女"的书法作品,在中国台湾铭传大学举行的欢迎仪式上,当代表团负责人吴昕春把这幅字交到铭传大学李铨校长的手中时,他非常激动地安排工作人员一定要多拍几张照片,并吩咐会后立即将这幅字挂在会议室最醒目的位置。这幅写有铭传大学校训的字出了彩,虽然铭传大学李铨校长连这幅字是哪位学员从大陆带来的都不清楚,但我的心里热乎乎的,一路辛苦终于得到了认可。后来,吴昕春团长无论到哪所学校,赠送写有学校校训的字画都成了规定动作,遗憾的是这些珍贵的礼品没有一件是经过我的手送出去的。

事后,我积极思考这件事的得失。可以说,我不仅从这些同行身上获得了赞许,而且改变了一些校长——不乏一些资历非常深的校长对我的看法。在他们眼中,没有想到看似非常随意的我,做事却极其细腻,考虑问题非常周密。这也许正是我在专业成长道路上极其宝贵的精神财富,也是我取得成功的秘诀。

在台湾学习的21天时间里,我共参观、交流了10所台湾著名的高中。如台北第一女子高级中学、台南第一高级中学、台中第一高级中学、高雄中学、桃园武陵中学、大园国际高中、私立薇阁高级中学等,其中让我印象最为深刻的就是台北第一女子高级中学,不仅因为这所学校的特殊地理位置,还因为这所学校有一段鲜为人知的历史——台北第一女子高级中学第十一任校长江学珠的传奇故事。江学珠原为上海市淞江二中第三任校长,也是淞江二中历史上唯一的一位女校长。虽然江学珠只是一位中学校长,但她是中华人民共和国成立前夕与南开大学创始人张伯苓齐名的教育人。她在台湾担任台北第一女子高级中学的校长期间，把台北第一女子高级中学办成了台湾地区最有名，也是当地女孩们最向往的女子高级中学。

在学习、交流的21天时间里，购物似乎成了大家的规定动作。去过台湾的游客都说，那儿是购物天堂，这话一点都不过分。但我没有在购买土特产上过多花费，甚至连给家人带一件像样的纪念品都没舍得，而是花费30000多元新台币，想千方设百计，甚至委托铭传大学的工作人员，买到了泰宇版、翰林版高中化学教科书和康轩文教版自然与生活科技教科书。为了能够将这些教科书托运回来，我花去的托运费就高达3100元新台币。

带回这些教科书，只是我开展课题研究大胆设想的第一步。这么多年来，我感觉到自己虽然在课程研究、教学研究等领域取得了一定的成绩，在国内课程与教学研究方面也有了一定的影响，但要想有新的课程研究成果非常难。这不仅有研究瓶颈的问题，而且有研究视野、研究能力和研究手段的问题。有了这些教科书，我的研究视野打开，新的研究领域自然生成。我决定先从大陆与台湾高中化学课程的比较研究着手，积累出经验之后，再进一步开展大陆与台湾的基础教育化学课程的比较研究。于是我立即启动了课题申报的准备工作。

从台湾回来的时候，已经是5月上旬了。每年的3月至5月，是安徽省省级规划课题的申报季，进入5月份，课题申报已经结束，基本上已经进入课题评审阶段了。为此，我专门去省教育厅拜访了安徽省教育科研规划办公室的同志，提出了补报课题的申请。好在当年的课题评审还未开始，经过特批，我不仅以"大陆与台湾地区高中化学课程的比较研究"为课题获得补报，而且此课题顺利通过评审并被列入当年的省级规划课题，以我为课题组组长的课题研究小组开始了为期2年的课题研究工作。

关于此课题的研究意义，我在课题申请报告中进行了详细分析：

随着两岸文化教育交流的不断深入和两岸高校相互招收高中毕业生的规模进一步扩大，两岸高中阶段教育课程（尤其是理科课程）之间的区别与关联引发了基础教育界的普遍关注。本课题研究的目的与意义主要体现在以下四个方面：

（1）大陆与台湾同期进入高中课程实验，大陆地区普通高中化学课程标准与台湾地区高中化学新课程纲要在高中化学学科教学的目标任务、课程内容安排等方面都有一定的区别与联系。通过比较研究，对进一步深化两岸中学化学教学交流和加强两岸课程建设有着非常重要的意义。

（2）海峡两岸高中化学课程中的许多基本概念表述及化学用语的表达方式存在较为明显的区别。通过对两岸教科书中化学基本概念表述与化学用语的表达进行对比研究，可以为两岸高中化学的学科教学交流与课程教材建设提供重要参考。

（3）大陆与台湾采取的都是"一纲多本"，台湾地区教科书无论是在教科书内容安排、体例编写方面，还是在教科书的印制方面，都有值得借鉴的地方。通过比较研究，有利于两岸高中化学教材的建设。

（4）海峡两岸的文化背景和科学、技术、经济、出版等方面发展存在的明显差异，决定了两岸的高中化学课程资源开发与利用的程度与条件有所不同，通过比较研究，有利于两岸共同开发、共享高中化学课程资源，丰富高中化学课程体系。

关于高中化学课程研究的现状和课题研究可能取得的突破，我在课题申请书中是这样写的：

2003年前后，大陆学界开始了关于高中化学课程的研究。在高中化学新课程实验之前，主要进行的是大陆高中化学课程与欧洲发达地区高中化学课程之间的比较研究，在研究过程中结合我国的国情和课程实施状况，研制了我国的高中化学课程标准，开发了多套高中化学课程标准教科书。但是关于海峡两岸的高中化学课程建设，尤其是两岸高中化学课程的比较研究，一直是空白。此课题的研究，不仅可以填补当前关于高中化学课程研究的空白，而且非常有利于两岸的高中化学课程建设，尤其有利于两岸高中化学教学的交流、共享。本课题研究预计在以下三个方面取得突破：

（1）对海峡两岸高中化学基本概念表述和化学用语的表达规范区别研究，从根本上解决两岸的化学教学在学术交流上存在的障碍；

（2）对海峡两岸的高中化学课程标准与新课程纲要的区别与联系进行研

究，将对两岸的高中化学的课程目标确定、化学课程实施、课程评价、课程资源开发与利用等方面理论研究及实践探索产生影响；

（3）对海峡两岸的高中化学教科书的对比研究，将对两岸高中化学教材建设产生非常积极的促进作用。

尤其是此课题的研究，必将在化学教学研究方面开辟一个全新的研究领域，对加强两岸政治、文化、教育的交流与合作必将产生深远的影响，具有划时代的意义。

我在"大陆与台湾地区高中化学课程比较研究"的课题申请书中，不仅明确了课题研究的方向，也为课题研究规划了五个方面的具体研究内容：

（1）大陆地区普通高级中学化学课程标准与台湾地区普通高级中学化学新课程纲要的比较研究；

（2）大陆地区与台湾地区高级中学化学基本概念表述及高中化学用语规范表达的比较研究；

（3）大陆地区基于高中化学课程标准与台湾地区基于新课程纲要的高中化学教科书的比较研究；

（4）大陆地区与台湾地区高中化学课程教学内容的比较研究；

（5）大陆地区与台湾地区的高中化学课程资源开发与利用现状的比较研究，以及实现交流共享的方式研究。

在课题组同仁的共同努力下，经过对人教版高中化学教科书与台湾泰宇版高中化学教科书、大陆地区高中化学课程标准与台湾地区高中化学新课程纲要进行比较研究，尤其是对化学用语、符号表达方式、具体的教学内容进行了重点研究，我们取得了一系列研究成果。我们先后在《化学教育》上发表了《我国海峡两岸中学化学基本概念与化学用语的区别简介》《我国大陆普通高中化学课程标准与我国台湾课程纲要比较研究》《我国台湾地区泰宇版普通高级中学化学教科书简介》《我国大陆与我国台湾地区高中化学课程中元素化合物部分内容比较研究》《浅谈我国台湾地区高中化学课程中的STSE教育》《中国大陆与中国台湾普通高中有机化学课程内容比较研究》《我国台湾地区普通高中化学实验课程设置及内容安排》等9篇高质量的研究论文,而且还应邀在安徽省基础化学教学年会和第十届化学课程论与教学论年会上交流研究成果。

他山之石,可以攻玉。我非常重视与兄弟学校分享管理经验,每次外出学习或参观考察,我都会有很多的收获,这些收获有效地更新了我的教育教学理念与管理方法。我把这些收获内化为自己的教育教学与管理行为,并运用到自己的管理实践之中。

临危受命　在坚持中不断创造奇迹

2014年7月，一纸调令，我带着无限的不舍和眷恋离开了我苦心经营了16年并工作了19年的霍邱二中，来到了霍邱县历史悠久的霍邱一中，开启了我8年的辛苦"创业史"。

由于种种原因，霍邱一中的发展步入了历史低谷，所面临的问题很多，广大教职员工士气低落，自尊心也受到严重影响。校风学风差，校园内秩序混乱不堪，打架斗殴屡禁不止。学校管理混乱，教育教学秩序受到严重影响。教育教学质量与其他同类学校相差甚远，特别是被名校录取的学生寥寥无几。优质生源外流现象相当严重，2014年，全县中考前100名只有22名学生留在了霍邱一中，老百姓更是怨声载道。

我在上任前的一次组织谈话中，有关领导语重心长地向我交代了三句话：一是振兴一中，再创一流，尽快恢复霍邱一中的元气；二是尽快改变霍邱一中高考在全市垫底的位次；三是大胆地干，县委、县政府是你们的坚强后盾，治校先治乱。接过组织上任命书，开始了8年的"创业历程"，不仅提前实现了改变面貌的目标，而且让霍邱一中初步步入了良性发展的快车道，从根本上控制住优质生源外流的被动局面，创造了一个又一个升学奇迹，快步进入安徽省普通高中第一方阵，跻身安徽省名校行列。

多年来，我时刻提醒我校的教职员工，县域普通高中虽然面临很多发展机遇，但只有大干、苦干、拼命干是不够的，还必须实干、巧干、加油干，尤其是要树立"幸福都是奋斗出来的"信条，必须把我们的教学改革做实、做细、做到位，不断提高课堂教学效率，不断加强校风、学风及教风建设，不断用我们的心血与汗水来推进学校早日进入良性发展的轨道。近年来，我带领霍邱一中教职员工，全面做到了"20个坚持"。

1.坚持严谨的办学方针

通过科学、规范、严格的管理，大幅度提高升学率，满足家长对孩子升学的期待，对得起孩子进校时的分数；通过培优、竞赛、双语阅读等一切常规手段，不断实现高分段人数和名校录取的突破，进一步提升办学实力。

2.坚持提高教学质量从备课抓起的战略思想

牢固树立"提高教学质量必须从提高课堂教学效率抓起，提高课堂教学效率必须从备课抓起"的战略思想，通过集中备课、备课研讨和"小备课"，让教学内容烂熟于心，外化于行，基本上教师做到了不备课不上课，教师正在逐步走出对教辅资料的依赖。

3.坚持抓学风必须从班风抓起的管理思想

必须坚持抓学风必须从班风抓起的管理思想。学校提出了"入班即静、入位即学（读）、入室即寝、铃响楼静、灯熄话止"班风建设目标，进而带动了良好的校园风气，为学生的学习创造一个良好的学习环境。

4.坚持科学育人的办学理念

学校坚持科学育人的办学理念，提出"决不以牺牲学生的睡眠时间与健康为代价，决不允许通过加班加点打疲劳战来暂时提高学生的学习成绩"的管理要求，全面落实"6+1"深度睡眠，即晚上必须睡6小时以上，中午必须睡1小时以上，早上6：10之前不准起床，中午1：30之前不准到教室，晚上12：00之前必须睡觉，全面落实"两保一大"，即两次眼保健操，一次大课间。将眼保健操纳入课内管理，鼓励学生利用早晨和晚间开展跑步锻炼，定期开展拔河比赛、篮球比赛、远足拉练等活动，提高学生的体能素质。

5.坚持"德育就是升学率"的德育理念

不断强化"四德"教育，即家庭美德、个人品德、职业道德和社会公德，充分发挥德育课堂主渠道的作用，推进德育的载体建设，并通过校园文化引领、德育月行事历和建构德育活动模型，不断增强德育工作的效果与仪式感。

6.坚持"五育并举"的教育方针

"坚持为党育人、为国育才"的立德树人根本任务，坚持学生的德、智、体、美、劳全面发展，牢固树立"尚修德，善学习，重健身，会审美，爱劳动"的学生成长与发展目标，不断强化劳动与教育的有机融合，并使劳动教育制度化、常态化，并通过一定的劳动教育机制加以保障，不断创新劳动实践，尝试开辟劳动实践基地，打造常态化的劳动教育课程。

7.坚持教育教学改革不动摇

继续强化"一案三式""一课三备""一研三段""一卷三批""订单应用"等一系列教学改革新举措，尤其是要强化在"一案三式"基础上的科学"加减法"，坚持"向卷面要分数，向书写要成绩"的备考管理，增加考试频率，规范高考三轮复习制，挂图作战，不断实现高考成绩的突破。

8.坚持"四个决不能"的管理要求

强化同一年级内同层次班级的协调发展。坚持"四个决不能"的统筹发展要求，即同一层次班级决不能掉队，同一班级学生决不落伍，同一班级学科决不拖后腿，同一学科教师决不能内卷。

9.坚持健全年度表彰机制

完善并坚持一年一度的表彰评优机制，通过设立多种多样的奖励项目，不断扩大受奖面，积极鼓励教师多样化发展，有个性地成长，有效激发广大教师教书育人、干事创业的工作积极性，不断满足教师的荣誉需求。

10.坚持科学规范的选人用人机制

坚持科学规范的二级管理机构管理机制，科学设立二级机构，进一步调动广大青年教师的积极性，为积极要求进步、乐于服务大家的青年同志提供自我表现的平台，展示自我成长的舞台，也为他们的发展提供上升的通道，更为重要的是为霍邱一中后备干部队伍的储备建立了常态化的机制。

11.坚持师德建设不动摇

不断加强教师的师德建设，提出了"校园八禁"的要求，特别是提出了狠刹"四风"的管理要求，即赌博风、吃喝风、红包风和拜年风，积极响应有关部门关于婚丧嫁娶方面的纪律要求，不断树立校园正气，保持清清爽爽的同事关系，干干净净的上下级关系。强化教师的"主人翁"意识，做到"四个一样看待"，即每一位教师都要把学生当作自己的孩子一样看待，把所教的班级当作自己的家庭一样看待，把我们的学校当作自己的家族一样看待，把事业当作自己的生命一样看待。

12.坚持四个"决不能忘记"的责任意识

面对我们今天良好的发展形势，要不断增强危机意识，坚持四个"决不能忘记"的责任意识和历史担当，即决不能忘记多年来为了取得良好生源的努力，决不能忘记多年来为了实现名校录取突破的艰苦付出，决不能忘记当前如此优质生源交给我们所应表现出的责任与担当，决不能忘记为了办好霍邱一中所应有的初心与使命，不断增强所有霍邱一中教职员工的责任心，进一步提高全体教职人员的工作积极性。

13.坚持养成教育常抓不懈

全面贯彻"养成教育是最为基本的德育"的理念，在全面坚持"五有"管理要求基础上，进一步规范养成教育要求，明确管理目标，即走有走相，坐有坐相，站有站相，要有孩子相，要有学生样。

14.坚持学生"口袋里必须有证书"的管理要求

要坚持用证书为高考录取垫脚的指导思想，明确"学生的口袋里不能有手机但必须有证书"的管理思想，积极创造条件组织学生参加教育部发布的2022—2025年面向中小学生开展的45项各类竞赛与比赛活动文件所规定的活动或比赛，积极为高考录取"两依据一参考"中"参考"创造条件，不断鼓励支持更多的同学参加各类竞赛与比赛活动，多拿证书，多拿含金量高的证书。

15.坚持"学生规范使用手机"的管理思路

手机的不合理使用对学生的危害很大。学校不仅将禁止违规使用手机写入纪律要求,而且多方建立家长与学生的联系通道,既能从严管理学生使用手机,而且又能方便家长与孩子联系。

16.坚持让"美育"寓于活动之中

坚持"最美系列"评选活动,广泛、常态化地开展最美寝室、最美教室、最美办公室、最美草坪等评选,特别是将"感动一中人"的评选纳入最美系列评选活动之中,并命名为"最美一中人",让学生欣赏美、体验美、感受美,最终实现让学生创造美,不断提高师生的审美观念,不断增强师生的审美意识。

17.坚持学校"六大园"建设总目标

坚持"六大园"校园环境建设目标,通过努力把我们的学校打造成为果园、花园、植物园、生态园、学习乐园、精神家园,努力做到春有花,夏有荫,秋有果,冬有绿,不断实现校园植物的多样化,努力打造和谐的生态校园,真正让校园成为孩子们学习的乐园,成为广大师生学习、工作与生活的精神家园。

18.坚持持续的校园文化引领

一以贯之地把校园文化的德育载体作用和思想引领作用放在校园环境建设的重要位置。校园文化无处不在,从一字牌、文化墙,到文化石、电子屏,再到宣传栏、路灯杆等,努力打造出了具有霍邱一中校园特色的校园文化,并在此基础上形成了极富个性化的班级文化和寝室文化。尤其是在活动"建模"的同时,精心设计活动文化,做到有活动就有建模,就有专属文化,年年创新的高考文化已经成为霍邱一中校园里一道亮丽的风景。

19.坚持学生生命安全不放松的底线

学生的生命安全是学校的头等大事,重视校园安全工作,设立校园安全与应急部门和班级心理委员岗位,广泛开展应急安全演练和消防演练等,重点加强消防安全、交通安全、心理安全、宿舍安全、饮食安全等方面的教育,防溺水、防欺凌,全面排除校内外安全隐患。

20.坚持严格的学籍管理规矩不动摇

在学籍管理上形成高度自觉,不接受任何形式的插班生、借读生、复读生。规范留休生与转学生的入学手续,坚决做到手续不全不进班的底线要求。坚决维护霍邱一中学子的权益,努力保障校园的秩序。

功夫不负有心人。近8年来,霍邱一中在我的带领下创造了一个又一个升学奇迹:共为清华大学输送了16位学子,为北京大学输送了11位学子,为中国科学技术大学输送了13位学子,共为中国最顶端的高校C9联盟校输送了196位学子,"双一流"名校的录取率达到25%,一本院校录取5648人,连续3年一本以上均超1000人,上线率达70%。

成功的花,人们只惊羡她现时的明艳!然而当初她的芽儿,浸透了奋斗的泪泉,洒遍了牺牲的血雨。也许我们只是在惊叹霍邱一中所创造的辉煌与奇迹,可能很少会联想到霍邱一中的师生们在背后付出的辛勤汗水与管理智慧。其实我只是想借这个机会,告诉大家,霍邱一中是值得信任的,霍邱一中的发展是值得肯定的,霍邱一中的管理是可靠的。

选择留守　厚植家乡教育一片绿野

我选择留守家乡，收获的不仅仅是家乡人民的厚爱、家长的称赞、社会的认可，还取得了一系列很多人看来很难取得的荣誉，包括成为安徽省首批正高级教师。

我用30多年的时间，在教学一线默默坚守，在家乡教育的土地上辛勤耕耘，向家乡的教育事业交上了一份令人满意的答卷。

我先后登上北京大学、北京师范大学、华中师范大学、安徽师范大学、延边大学、宁夏大学、青海师范大学、淮北师范大学、淮南师范学院、合肥师范学院等高校的讲台，作化学学科课程教学的学术报告。两次应邀到国家教育行政学院校长班开展主题为"浅谈中小学德育的文化引领"的讲座，连续多年作为安徽省高考分析评价会议的主讲教师，多次担任安徽省高考考试说明解读教师，连续多年担任六安市高中教师继续教育教师，多次作为国家级骨干教师培训班主讲教师。

我在学术方面的收获颇丰，主要业绩表现为：

（1）累计在省级以上刊物上发表教育、教学论文600余篇，其中在《化学教育》《化学教学》《中学化学教学参考》《中学化学》等期刊上发表文章近50篇，有多篇论文被中国人民大学复印报刊资料全文转载。

（2）有近百篇论文在教育主管部门、省级以上专业学会举行的论文评选中获奖，其中有多篇论文获得中国化学会、中国教育学会化学教学专业委员会论文评选一等奖和省级教育主管部门论文评选一等奖。

（3）参加有关部门组织的教学大赛或实验创新大赛，并多次获奖。其中，连续三年的"一师一优课、一课一名师、课课有精品"晒课均获得省级"优课"荣誉。率学校教师参加实验创新大赛并获得多个安徽省一、二、三等奖，代表安徽省参加全国实验创新大赛，获全国一等奖、二等奖各一个。

（4）出版《做一位合格的中学生》《试题调研》等教育专著和学科教辅近20部。

（5）先后承担7项省级规划立项课题的研究工作，有3项省级课题的研究成果分获安徽省教育科学研究优秀成果一、二、三等奖。

（6）累计在霍邱教育博客网上发表教育博客800多篇，共计约150万字。

我所取得的每一项荣誉或每一个成果，都充满了艰辛和坎坷，也都饱含了我对学校管理、教育教学和教育科研工作的执着追求与对基础教育的长期坚守。这些成绩与荣誉，既是对我长期战斗在基础教育一线的褒奖，也是对我多年来工作成绩的肯定。有人说，我当教师已经做到了极致，该有的荣誉都有了，特别是这么多的荣誉与称号集中在一个人身上更是罕见，但我从来没有放松过对自己的严格要求，在追求专业发展和事业进步的道路上从来没有停下来歇歇脚，而是充满激情地工作在教育、教学与科研的一线。

2014年8月28日，我出任霍邱一中校长。我在就职演说中说道："从我的经历来看，我1984年从安徽师范大学毕业后在霍邱三中工作了11年，在那里奉献了自己的青春年华，有幸与很多同仁成为战友，为霍邱三中的腾飞与发展做出了应有的努力；在霍邱二中发展的最困难、最低谷时期，又受组织重托，分别担任3年副校长、16年校长，与霍邱二中的同仁们共同奋斗了近20年，让霍邱二中这所薄弱学校得到了积极转化，初步进入良性发展的快车道；在教育战线上摸爬滚打整整30年后的今天，我又受教育局推荐、县委的指派，担任霍邱一中的校长，我有信心也会尽力与各位同仁一道共同实现县委、全县广大人民群众所期待的任职目标。"

霍邱一中是我的母校，如今又回到霍邱一中工作，霍邱一中必将成为我职业生涯的最后驿站，我必然会在霍邱一中为自己的职业生涯画上完满的句号。

化学教育科研

浅谈化学教研论文的选题

近几年笔者屡有化学教研论文发表于《化学教育》《化学教学》《中学化学教学参考》等重要化学期刊，尤其是《NO为什么要冷却氧化》一文发表于1994年《化学教育》第7期后，累计在《化学教育》上发表论文近20篇，最高峰时一年内在《化学教育》上发表化学教研论文多达3篇。笔者之所以有那么多化学教研论文发表于《化学教育》，一方面是因为《化学教育》编委及编辑部老师对笔者的信任与厚爱，另一方面则是因为笔者非常重视化学教研论文的选题。笔者认为，化学教研论文重在选题，只有选对了题，才有内容可写，也才能写出有价值的化学教研论文。可以说，笔者在《化学教育》上发表的每一篇化学教研论文的背后，都有一个鲜为人知的故事。

1.在化学教学实践中选题

化学教学实践是化学教研论文创作的源泉。不同的教学实践经历将会产生不同的教学体会与感受，尤其是不同的教学实践过程还会产生不同的创作火花。同时，课堂教学实践反思也是化学教研选题的重要来源。

中学化学教学实践中，我们都会遇到这样一个有机化学问题，就是甲烷的裂解问题。很多教师往往都是重复着教科书中所陈述的内容：甲烷在

1000 ℃以上可制碳黑，乙炔的制备趋向于用天然气作原料。而笔者在教学实践中没有停留在教科书的简单陈述上，不仅对甲烷分别在什么温度下裂解成碳黑与乙炔产生了兴趣，还对甲烷能否裂解为乙烯产生疑问。于是笔者写出了《关于甲烷裂解方向问题的讨论》一文，发表于《化学教育》1994年第6期上。

"摩尔"是原人教版高一化学教科书中的重要内容，教师难教、学生难学是教学实践中教师所面临的共性问题。针对这一情况，笔者结合自己的教学实践，以《摩尔教学的几种做法》为题，写出了具有参考价值的教学研究论文，发表于《化学教育》1998年第10期上。化学反应方向及可能性的判断也是中学化学教学难点之一，如何让学生有效掌握常见的无机化学反应自发进行的方向的判断方法。笔者以"中学化学中常见的无机反应判据"为课题进行研究，取得了很有价值的突破难点的方法，有关论文发表于《化学教育》1997年第10期上。

气体制备是中学化学实验的重要教学内容，教师在气体制备过程中总是乐此不疲地向学生强调气体制备时要注意的问题，却很少去关注为什么要注意这些问题？如制氯气时，为什么非要用浓盐酸，而且还要加热？稀硫酸不能用来制二氧化硫，为什么浓度稍大的硫酸可以制出二氧化硫？等等。于是笔者根据个人对这些问题的理解，以《几种气体制备的问题的讨论》为题写出专题论文，发表于《化学教育》1995年第8期上。还有关于溶解度的教学，笔者并没有在教学实践中过多地去强调基本概念，而是帮助学生建立了溶解度概念公式：$S=\dfrac{溶质质量}{溶剂质量}\times100\%$，并写出了《介绍一种溶解度概念公式化的计算》的文章，发表于《化学教育》1996年第10期。

中学化学教学实践中有很多值得关注的问题，只要留心观察，善于捕捉与挖掘有价值的线索，积极发现值得关注而又有共性的问题，就有选题可选。

2.从时事新闻背景中选题

重大时势新闻背景中有时也存在一些化学论文的选题资源，如环境污染事件、重大疫情发生及突发化学品泄漏事故等，都有可以挖掘的化学论文素材，只要留心，并善于发现其中的化学问题，就有题可选，也就有文章可写。

《中华人民共和国职业病防治法》于2002年5月1日起施行，笔者在当天中央电视台《午间30分》中看到了这则新闻，播音员特别提到了职业病多数与化学污染物有关。笔者等立即写出了《常见化学污染物与职业病》一文，发表于《化学教育》2004年第3期。

2003年，"非典"疫情出现，中国疾病预防控制中心于2003年5月1日下发了《公共场所、学校、托幼机构传染性非典型肺炎预防性消毒措施指导原则（试行）》，卫生部疾病控制司于2003年4月2日颁布了《各种污染对象的常用消毒方法（试行）》，以指导、规范公共场所、学校和托幼机构的预防性消毒工作，有效预防和控制传染性非典型肺炎在公共场所、学校、托幼机构等人员聚集性活动场所的传播，并指导性地针对不同场所、不同情况下的环境消毒，提出了具体的消毒方案，并特别指出过氧乙酸、环氧乙烷、二溴海因、苯扎溴铵、碘伏、氯己定、戊二醛、二氧化氯、次氯酸钠、次氯酸钙等化学消毒剂的规格、配比及使用方法。当笔者看到有关新闻以后，立即感到这里也大有文章可写，于是立即着手查阅相关资料，撰写了《"非典"消毒与化学消毒剂》一文，发表于《化学教育》2004年第8期。

因此，关注时事，关注新闻，也许就会有意想不到的收获，关键是我们要用心去发现新闻背景中的化学问题，去挖掘其中的化学选题素材。

3.从学生提出的问题中选题

中学生在学习过程中很容易发现各种各样的问题，他们也习惯于研究教材，对教材的文本材料或教师的教学过程产生疑问。研究学生在学习过程中所提出的问题，不仅会有很多收获，甚至可以作为自己的研究课题，并以此为选题，把自己的研究成果或思考结果展示出来，有时也会成为一篇优秀的教育科研论文。

原人教版高一教科书中有这么一段文字：氨氧化制硝酸时，从氧化炉出来的二氧化氮经过冷却氧化，再被空气中的氧气氧化成二氧化氮。课堂教学中有学生就对笔者发问:"在氧化炉中高温(800 ℃)时一氧化氮为什么不能被氧化,而非要冷却氧化呢?"这个问题当时虽然让笔者陷入了尴尬,然而却让笔者有了一个非常重要的选题,笔者以《NO为什么要冷却氧化》为题,从热力学角度很好地解释了这个问题,并发表于《化学教育》1994年第7期。

进入高中新课程后,在进行"化学反应原理"模块教学时,一些同学发现人教版课程标准教科书上所给出的普通锌锰电池、碱性锌锰电池、氢氧燃料电池等化学电源的电极反应式与其他版本或教辅资料上所给的电极反应式有所不同,这个问题一提出来,笔者就预感到这里也有文章可写。经过研究发现,不同文献上所给电极反应式之所以不同,要么仅仅是形式上区别,要么是电解质溶液酸碱性不同造成的。于是笔者以《关于电极反应式书写的两个问题的讨论》为题写了一篇教研论文,发表于《化学教育》2008年第8期。

因此,在化学教学过程中,对学生所提出的各种问题,要认真而积极地对待,尤其是学生的质疑、困惑、发现,甚至是学生在听课或解题中暴露出的问题,都可以作为我们选题的重要参考。

4.在重要会议中选题

参加学术会议,更多的是学习、观摩,但专家、教授等的报告与演讲往往会给与会者在思想上、观念上甚至行动上带来一些启迪。正是这些启迪,可以让那些有思想者、善于思考者反思自己的教学行为,主动让旧观念与新思维发生碰撞,产生火花。

1994年11月,全国第一届微型化学实验研讨会在郑州召开。笔者在此之前可以说对微型化学实验一无所知,研讨会上听取了几位专家的报告和已经先期开展微型化学实验研究的老师们的成果展示,笔者顿受启发,写出了《关于开展微型化学实验的几点看法》一文,发表于《化学教育》1995年第5期。1998年4月,全国第二届微型实验研讨会在杭州召开,笔者在会议上更关注微型实验的研究方向,关注开展微型实验过程中出现的问题,尤其是看到很多实验条件非常先进的学校,也都在研究用一些代用品(主要为废旧医疗用品）去做化学实验，深感忧虑，于是写出了《谈微型实验研究中存在的几个问题》一文，发表于《化学教育》1999年第1期。

参加学术会议的价值所在，就是能结合会议精神写出自己所思、所悟，并体现在自己的教学实践中。

5.在课程改革过程中选题

每次课程改革过程中都伴随着教科书的改版或变化，甚至还会出现在某一阶段课程的推进过程中有教科书的重大修订。从课程改革或教科书变化中选择一些课题加以研究，往往也会有重大发现，也能写出高水平的教育科研论文。

1995年秋学期，全国范围内开始试用人教版九年义务教育初中化学课本，笔者在参加培训以后，立即着手写出了《使用义务教育初中化学教材的几点建议》一文，发表于《化学教育》1995年第9期。文章刊出后，笔者认为紧接着的义务教育阶段化学复习教学仍然大有文章可做，于是又写出了《试谈实施义务教育中化学中考复习》一文，发表于《化学教育》1996年第5期。

2006年秋学期，安徽省开始实施高中新课程。在化学新课程实施的过程中，不仅需要教师的教学观念有根本性转变，更需要教师关注课程资源的开发与利用，于是笔者等根据当时课程资源开发与利用现状，在安徽省境内进行了大范围的高中化学课程资源开发与利用调查，写出了翔实且有价值的调查报告，以《高中化学课程资源开发与利用状况调查》为题的教研论文发表于《化学教育》2008年第2期。

6.在参加有关活动中选题

参加有关活动，总会有收获，如果凭借敏锐的洞察力和独到的视角，提出自己的观点、见解与思路，也可以写出富有独到见解的论文。如，2010年4月在中国台湾铭传大学培训期间，参访了一些台湾高中，萌生了对台湾高中化学课程进行研究的思想，购买了台湾泰宇版高中化学教科书一套6册，申请了"大陆与台湾地区高中化学课程比较研究"的省级规划课题，开展了一系列的研究，已经写出的7篇论文全部被《化学教育》录用，陆续发表了

9篇研究论文。又如，参加安徽师范大学教育硕士论文答辩，针对教育硕士撰写论文存在的问题，我等写出了《化学教育硕士学位论文的问题及思考》发表于《化学教育》2013年第4期。

当前，高中新课程即将在全国范围内实施，"一纲多本"的教科书体系建设有很多值得研究的地方，大有文章可做。

当然，选题再准，也离不开活跃的思维，敏锐的洞察力。此外，我们还必须勤思考，多动脑，尤其是善于思考，善于发现问题，特别是要能从纷杂的现象中发现问题，并提出自己解决问题的思路。

让我们的每节课都精彩

化学教师做科研，立足点是我们的课堂，出发点是解决我们在教学中存在的一些问题。离开化学教学的科研，绝不是化学教师的科研之道。也就是人们常说的，教而不研则浅，研而不教则空。所以，我们做的科研应该是教育科学研究，离开教育既不是教师所为的，也不是教师所能为的。

我们研究课堂，研究什么呢？最重要的是研究课堂的教学效率，不仅针对同一年级不同学科，同一学科不同内容，同一内容的不同学段的课堂教学效率，而且每节课都有进一步提高课堂效率的空间，都要根据教学内容主动适应不同类型或不同学段的学生，都要以进一步树立化学学科教学的新观念，进一步培养学生的学科核心素养为前提。欲提高课堂教学效率，首先必须解决好以下四个方面的问题。

1.教学线索问题

笔者曾经写过一篇文章叫《备课的首要问题是线索问题》。所谓"线索"，简单讲就是我们一节课教学内容呈现的先后顺序。凡是有一定教学经验的教师都深有体会，同样的内容，同样的知识点，呈现的先后顺序不同，教学效果绝对不同。孙小程老师的课堂，充分优化了教学线索，如从知识内容的呈现到总结、练习与思考，再到检验反馈，教学内容安排得比较自然，一环扣一环。这看似科学合理的一节课，也都还有进一步优化的地方。如在烃的衍生物的内容教学时，可以先给出不同的典型物质的结构简式，让同学通过比较建构知识，建立联系，在比较中发现，在发现中建构。又如，在"摩尔体积"的教学中，按照如下线索来进行，课堂教学效率肯定不一样。先从质量出发，让学生求物质的量；再从粒子个数出发，让学生求物质的量；再给出气体的体积，让学生求气体物质的物质的量，设立特殊的情境，来激发学生的求知欲，引出摩尔体积，通过计算引导学生发现"同温同压下，气体摩尔体积都相等，在标准状况下为 22.4 L/mol"；再通过对 1 mol 具体的固体与液体的体积进行比较，让学生进一步认识到决定体积大小的因素所在。

2.变量控制问题

新课程实验以来，关于变量控制的思想应该得到充分重视。所谓控制变量，可用一个简单的案例说明。如，半斤白糖与两斤白糖放到水里制成糖水，哪个更甜？很多同学都会认为是 2 斤白糖制的糖水更甜，显然造成这样的错答就是没有控制所用水的多少这个变量。如果我们再问一句"2 斤白糖放到大海里也还甜吗"，然后引导学生从身边的案例出发逐步学会控制变量。为什么控制变量的思想非常重要呢？学会控制变量实际上是探究学习的需要。我们知道，探究学习方式是我们新课程大力倡导的三种常见学习方式之一，探究学习的目标就是帮助学生建立控制变量的意识，从理性判断走向更加实用的价值利用。当前的课堂教学，无论是从提高效率的角度，还是从解决问题的严谨性角度，都需要有控制变量的意识；也就是说，无论有多少个变量，只要我们把其他变量换为常量，只保留一个变量，我们的结论就会更有说服力。

3.教学对象问题

课堂教学的有效性及实现知识的有效建构，不仅是学校管理者或教师必须思考的问题，也是我们教育教学过程中必须认真解决的根本性问题。从表面上看，很多老师的课堂都会用到多媒体，尽量运用直观的手段帮助学生解决与思考问题，也充分运用了学生既有的经验来建构新知，但从教学效果上来看这些手段与措施的运用往往并不令人满意。主要原因就是我们在设计教学方案时没有关注到我们的教学对象，特别是面向一个陌生的学生群体，他们对老师的教学风格、教学艺术、教学表现能不能适应，对老师的教学方法、教学手段能不能接受等，如果不去充分了解我们的教学对象而凭空去设计教学方案，我们的课堂必然是失败的。

4.教学资源问题

新课程大力倡导的课程观、教学观、学生观、教学资源观都是我们在教学中必须认真领会并加以运用的观点，但课程观或教学资源观对我们的教学实践的指导还没有得到有效落实。笔者曾经写过一篇文章，主要观点是方言也是课程资源。其实，这是一个人人皆知的道理，有些学科观点或语言难以理解，如果换成我们的方言或俗语去加以说明或解释，学生就可以很快接受。我们的身边可以利用的课程或教学资源太多了，如果我们善于挖掘，精于收集与捕捉，并有机地运用于教学中，可以大大提升我们的教学效率。如我们在"过滤"的教学之前向同学们介绍他们熟悉的筛子，学生就会很容易地理解过滤实际上就是生活中的筛选，也就很容易找到滤纸与筛子的共同点，过滤的原理就会变得很好掌握。又如，我们在比较芳香化合物、芳香烃和苯的同系物的区别与联系时，如果弄不好就会让学生越听越糊涂，但如果我们借助于数学学科集合的有些观点或用维恩图来表达它们三者之间关系，既简练，又容易让学生建构知识网络。"物质的量"教学，设想一下，如果把摩尔基准、摩尔质量、气体摩尔体积等模型化，用身边的道具代替抽象的标准，让学生产生类比，效果一定比我们教师在那带学生读概念要好。

从餐桌到课堂

餐桌与课堂有什么关系，不仅有，而且非常值得我们深思。

这件事源自一次发生在周末的接待。学校开展学术活动，邀请了几位专家莅临学校指导工作，由于晚餐的人数只有8个人，安排了最低的就餐标准。考虑到第二天专家要活动，大家也没有在餐桌上耗费过多的时间，不到1个小时就餐完毕。当大家起身离开时才突然发现，餐桌上的几道主菜都剩下了一大半，有的菜甚至只食用了一点点。看似这个接待跟教学效率是两件风马牛不相及的事，但如果对其进行原因探究，对我们解决当前的课堂效率不高的问题，能不能有所启发呢？

我们先来分析一下，这桌最低标准的菜肴为什么会剩下那么多？可能的原因不外乎有四个：第一种情况可能是菜安排得还是有些多，我们在安排餐标时没有考虑到我们只有8个人，而且8个人的胃口就那么大，安排的菜超出我们的需求量，当然吃不了；第二种情况可能是作为饭店方，虽然我们订的是最低标准，但从店方角度来说，不管有多少位客人，也不管客人的需求量有多大，他们按标准安排菜，无可非议；第三种情况可能是这次工作餐是在周六晚上，周六中午大家往往又都有应酬，在周六的晚上，人们的肚子里往往都有"油水"，就餐的人本身就不纳食，我们却没有考虑到实际情况，还按平常的情况去安排餐标，显然有不切实际的地方；第四种情况可能是饭店安排的菜肴确实不合口味，也就是说就餐的人不喜欢所安排的各道菜肴，不合口味就不能下咽，没有什么可吃性，当然也就剩得多！

从某种意义上讲，很多"认真负责"的教师在课堂所安排的教学内容与这家注重职业道德的饭店在餐桌上所安排的菜肴，在做法上是不是有十分相似的地方呢？一是很多教师在课堂上总是呈现给学生最大容量的知识，至于学生能不能接受，能否消化掉，往往并不去充分考虑；二是一些教师在课堂教学中所呈现的教学内容不能激发学生兴趣及学习的动力，不能让学生积极主动地去接受知识，也就是所教的知识不合学生的"口味"；三是在课堂教学中，一些教师有时不能合理地安排教学内容，往往没有注意到知识的衔接、知识的铺垫和传播知识时的背景，仅是一味地传授知识，复习课、新课都上成一个样；四是很多教师在教学中都十分"敬业"，总是认为作为教师就要"尽职尽责"，课堂上讲得越多越对得起学生，于是每堂课都上得满满的！

从餐桌到课堂，虽然发生的事情不同，但折射的某些道理却完全相同！我们的教师真的要从餐桌上发生的事情积极地反思，如何让我们的学生在课堂上能够真正接受得好，消化得了！

■ 让知道有滋有味

在《从餐桌到课堂》的文章中，我们从餐桌上剩余的那么多菜联想到我们课堂上的教学情况。当前一些教师课堂教学效率不高，有些是课堂容量过大的问题，但很多情况下课堂容量是合适的，一节课也需要传授那么多知识，之所以仍然有很多的知识不能为学生所接受，其中有一个十分重要的因素，那就是一些教师凭着一腔热血，本着对教学和学生高度负责的精神，总是在课堂上把有限的教学内容无限地加以拓展，并生硬地满堂灌给学生，却没有顾及学生的感受，没有考虑如何让我们所教的知识更有趣味性。虽然我们的学生，包括我们的教师，都知道知识的重要性，特别是有些知识对学生来说，无论是成长还是将来生存都十分需要，但本来是生动有趣的知识却让我们一些十分投入的"敬业者"教得空乏无味，让学生提不起兴趣，甚至因为我们的教学让学生产生逆反心理，甚至厌学，最终看似完成了教学任务，但更多的知识内容并没有被学生吸收与运用。这就像我们看到的，虽然大家都非常饿，餐桌上呈现给大家的菜品也是堆桌满盘，但就餐者面对没有一样对味的菜肴，提不起食欲，产生不了兴致，即使不得已动起了筷子，也无法下咽。

食盐对每个人都是必需的，而且是每天都需要补充，但如果让人们每天都把食盐直接含在嘴里往下咽，那一定是非常痛苦的事！如何让我们生理必需的食盐既能够得到有效补充，又能让人们很愉快地摄入食盐呢？不外乎有以下三种办法：一是我们把食盐调制成盐开水，让过咸的食盐咸味得以稀释，迫于生理需要，或许我们会不得已地把盐开水喝下去；二是我们把食盐作为配料，去调制我们喜欢食用的食品，借我们喜欢的食物为载体，把我们需要的食盐带进我们的胃里；三是我们就直接把食盐作为主料，辅以很多调料，通过精心烹饪，把食盐变成人们最喜欢吃的菜肴或鲜汤，让人们不仅能够吃下去，而且是非常乐意地吃下去，不吃想吃，吃下去就是一种享受！

不难看出，以上三种摄入食盐的方式代表了三个层次。第一个层次，是把食盐调制成食盐水，这是一种较为低级的摄取食盐的方式，尽管这种方式的效果不甚理想，但总比直接把食盐含在嘴里直接咽下去要好很多吧！因为还是有更多的人出于生存的考虑，愿意把食盐水喝下去！第二个层次，是把食盐作为配料，让它随着我们喜欢吃的食物一起吃进去，或许对我们喜欢吃的食物味道有一定的影响，但这又比盐开水可口，只要你有喜欢吃的食物，我们都可以把有关食物作为载体，这种摄取食盐的方法又比喝盐开水的方式科学有效！第三个层次，也是摄入食盐的最高境界，就是如果我们把食盐调制成美味佳肴，人们不仅十分乐意地吃下去，而且还会在享受中、带着满足感主动地吃下去，当然这也是最为科学、最为有效的方法！

我们知道，对于中学生来说，课程标准及教科书上安排的知识都是他们成长与升学所必需的，但如何把这些知识科学有效地传授给学生，是我们教师必须思考的事。显然，直接把本是十分鲜活的知识生硬地塞给学生，让学生去死记硬背，那与我们把食盐含在嘴里直接咽下去没有什么区别！如何把这些知识变得让学生愿意接受或主动接受，也应该存在三个层次的问题：一是像调制盐开水那样，把知识简单处理后交给学生；二是以学生容易接受的形式和愿意接受的载体把重要的知识搭配传递给学生；三是把知识变为最有趣的东西，让学生乐于接受，在享受中接受！

所以，"把知识变为最有趣的东西，让学生乐于接受，在享受中接受"，则是最高层次的教学思路与方法，也是最为有效的教学方式与策略！作为教师，教学艺术的表现，教学水平的体现，教学经验的呈现，都反映在这个层次上面！

让知识有滋有味，不仅有观念的问题，更多的是备的问题和教的问题！让我们多投入一些时间，多动一点脑筋，把我们的教学内容变得让学生更易学，更愿意学！

浅谈中学教师的教育科研

　　中学教师要不要搞教育科研问题一直是人们争论的焦点，许多业务型教师教学业务能力很强，却因为没有教育科研成果而屡次与评聘高一级职称、评选特级教师、申报政府津贴无缘。甚至一些中学一线教师认为，教师的天职是教书育人，不应该有科研的任务，中学教育科研应该是专门科研机构、高等院校或教研部门的工作。其实，教育科研应该是中学教师的任务之一，教而不研，教之肤浅。为了提高教师的能力与水平，教师在教书育人的过程中必须不断地进行科学研究与实验，不断提升自己的职业内涵。中学教师为什么要进行教育科研？现从中学教师对教育科研的地位与作用、内容及原则、方法与意义，以及教育科研与教学的关系进行简单概述。

　　1.中学教师在教育科研的地位和作用

　　"科研兴教"是教育实践经验的总结，是教育"面向现代化，面向世界，面向未来"的要求，也是教育事业改革和发展的新起点。实践告诉我们，办教育、办学校光有钱不行，只盖楼、添设备不行，这只是外部条件，治标不治本。决定教育事业成败的是教育思想，是教育观念，是方针政策，是教育规律，是方法途径，而所有这些都必须依靠教育科研才能明确，才能树立，才能落实，才能取得好的效果。我们的学校要真正办好，要全面实施素质教育,深化教育教学改革就必须依靠教育科研。

教育科研是运用科学的态度、科学的理论和方法研究教育现象,揭示教育规律的创造性活动。教育科研具有两个显著的作用,即理论指导和实验探索。教育科研的起点是教育教学问题,善于发现问题、提出问题是教育研究的关键。教育科研是教师岗位成才、开发师资源,实现教育可持续发展的重要手段。

教师要成为一名教育家,就必须勇于实践,勇于创新,积极从事教育科学研究和实验。没有研究意识和习惯的教师,既不能提高自身的工作能力,也不能适应社会发展的需要。教育科研可以改进教师的教育教学工作,可以使我们去掉盲目性、树立自觉性,缩短教师的成长期。

教师成为研究者,对于教师个体来说,也有助于教师专业能力的提升。在教育科研中,教师具有教育者、研究者和学习者的多重身份,教师可以在研究的过程中,享受到提升教育理念的乐趣、发展新知与技能的喜悦,以及教学相长的益处。教师一旦以研究者的心态置身于教育情景之中,就会以研究者的眼光审视已有的教育理论和教育实际问题,就会对新的教育问题更为敏感。教育科研有利于发展教师的反思能力,使教师能够检讨未被考验的理论,弥合理论与实际间的差距,进一步了解教育教学规律的复杂性,提高教学水平。

教师成为研究者,已经是当今教师基本素养的品质要求,是教师职业的表现形态。教育科学研究是教师的立身之本,发展之本,一个教师只有走教学和科研相结合之路,才能提升教育教学工作的品位。教师在教育科研中最大的、最有价值的收获是教育智慧和教育机智的增长。教师从事教育科研就意味着教师能建构知识,创新知识,而不是一味被动地接受专家的指导。

2.中学教师教育科研的内容和原则

教育科研不是为了研究而研究,而是为了教育而研究,要克服沉溺于被动的注释性研究,应对热点问题、难点问题、重点问题予以更多的关注。

身处教育情境中的教师围绕自身教育实践所开展的教育科研,是一种真正意义上的"原生态研究",源于"教育生活"并服务教育实践。教师每天置身于复杂多变的教学情境中，最了解教育对象，处于最佳的研究位置，面对各种各样的教学问题、实践演练各种教学理论与策略，不断经历着教学相长的过程。因此，较之专家学者，一线的教师更了解教学的本质，更能掌握教育生活中的对象、内容，以及各种教育因素之间的互动关系。

中学教育科研课题大多来源于教育实践，旨在解决教育实践中自身所面临的问题与矛盾。在研究中，应用教育科学的理论解决教育实践中的具体问题，将教育科学的理论与应用技术转化为解决问题的操作化程序与实践措施。课题研究往往与教育实践工作结合在一起，以研究来指导教学，以教学促进研究。

中学教师开展教育科研应遵循方向性、客观性、优化性、科学性等原则：开展教育科研必须坚持正确的方向，不能误入歧途；必须坚持实事求是，以客观实际为准绳，排除主观偏见；必须树立全方位、高标准的理念，优化操作程序；必须保持严肃的科学态度，确保成果的科学性。

3.中学教师参与教育科研的方法和意义

教育改革尤其是新课程的推进正在成为学校与教师生活中的大事，我们将面临许多新的问题、新的困惑，这就迫切需要我们通过教育科研找到新的途径与方法。

任何一项教育科研都要依靠一定的方法支持，甚至方法的选择在决定性意义上影响着研究目标的实现。要有进行科学研究的意识，并掌握一定的方法。一些中学教师缺乏的是把实践中的问题转化为研究主题的意识和技术，缺乏的是把自己的经验提升到理论高度的方法。

科研活动纷繁复杂，所以研究方法也多种多样。教育科学研究经常使用的方法有观察法、调查法、实验法、经验总结法、文献研究法、教育测量法、行动研究法等，但这些方法在使用时并不是割裂开来的，而是各有侧重、相互补充。

开展教育科研，主要的目的在于指导实践。如何使青少年在最短的学习期内就能把人类长期积累起来的智慧结晶和最新成果掌握起来，这是时代所提出的加速人才培养的新课题。这一重大课题，迫使教育必须适应新的要求，不断作出重大改革。只有主动接触新事物，研究新课题，认真开展教育科学研究活动，教育工作才能不断开创出新的局面。

4.中学教师的教学与教育科研的关系

教育教学活动是教师的中心任务，如果教师不从事教育教学活动，就不能称其为教师。若教师像专业人员那样进行研究，那将肯定影响到正常的教学工作。教师常有这样的体会：如果参加教育研究活动，日常教学工作就会受到影响；如果埋头教学工作，又没有科研的时间。但有一点必须明确，根据学校的实际情况，教学是第一位的，我们应当立足教学进行教研。

教育科研工作从来不是额外的工作，教学和科研也不是分开的"两张皮"，其实真正的教学活动有着科研的性质和色彩，特别是教而不研则浅，研而不教则空。表面上看，教师教学任务繁重，大量的时间不得不投入教学。其实，教师所进行的研究是一种特殊的"教学研究"，是对教师自己的教学进行思考和探究，这种研究的目的不是为教学增加另外的负担，而是力图使教学以更有效的方式展开。因此，尽管在研究之初教师可能费时费力，但一旦进入研究的正常状态——教师从自己的研究中找到了有效的教学策略，就有可能熟练地解决种种"教学困惑"，减少无效的重复劳动，提高教学效率。科研是名师成长的摇篮，是普通教师走向优秀教师的阶梯。

一个好教师只有不断从知识海洋中汲取新鲜的营养，才能使自己的教学丰富多彩、生动活泼、永葆青春。一个好教师只要在自己的教学实践中善于提炼总结，并敢于提出引发别人思考的见解，其成果必然会受到社会认可，从而实现自身的社会价值。

一个好教师必须既是教学的行家，又是科研的能手。一个好教师必须处理好教学与科研的关系，既要善于教学，又要勤于科研，敢于探索。只有把教学与研究看作是一种事业的追求，才能让教学与研究工作形成合力。只有在"身正"的同时，在理论与实践的层面上做到"学高"，才能最大限度地使广大学生终身受益，同时也使自己终身受益。

中学化学实验教学研究的现状分析报告

　　中学化学实验教学研究，主要是指有关中学（含初中）化学实验教学现状、化学实验教学的作用与价值、化学实验教学条件、化学实验教学管理、化学实验教学有效性、基于新课程的化学实验教学、教师和学生化学实验教学观念及其相关问题的研究。

　　从教育主管部门的行政官员、教育科研机构和师范院校的专家，到普通的中学化学教师，都知道中学化学实验在中学化学教学和中学生化学学科素养形成方面的重要地位与作用，以及中学化学实验教学的不可替代性。然而，当前我国有关中学化学实验教学的研究，仍然明显存在着"十多""十少"的现状。

　　1.实验教学作用及地位研究得多，化学实验教学实践研究得少

　　通过文献检索不难发现，尽管有关中学化学实验教学研究的文献很多，但更多的文献总是对中学化学实验教学的重要地位及作用，化学实验在学科素养及学科能力、科学态度培养中的价值，给出了很多新的观点，提出了一些值得思考的问题，也发表了一些值得借鉴的成果，但从实践层面上来看，这些文献对中学化学实验教学的实践探索研究非常少，特别是具体到课堂教

学中如何有效开展实验教学,如何以课堂实验教学为主渠道,有效提高学生化学学科素养的成果更少。

2.分学科实验教学研究得多,以理科实验为研究对象研究得少

当前,在可查找的文献中,分物理、化学、生物学科开展实验教学研究的很多,但以理科实验教学为研究对象综合开展实验教学研究的较少,特别是有关物理、化学、生物等自然学科实验之间相互关系的研究少之甚少。我们知道,物理、化学、生物等学科实验都具有科学性、实验性、真实性、探究性等,由于学科界限问题、教科书问题、教师观念及知识面等问题,各学科的实验教学及其研究之间缺乏必要的联系,三门学科的有关实验教学又被人为割裂开来,直接导致了各学科实验教学中的重复性及不协调性,如原电池基本原理实验对物理学科的电学实验有较高的要求,生物学科很多实验的基本操作技能都需要在化学实验中训练与培养。

3.国内实验教学研究得多,国外实验教学研究得少

由于国内中学化学课程与国外中学化学课程的课程目标、课程设置、编写体例、编写风格、内容要求不同,结果国内的学者或有关人员往往都把实验教学研究的着眼点放在国内的中学化学实验教学当中,仅有的一些国外实验教学研究,主要为实验比较教学研究或教科书的编写提供参考性研究。

4.传统背景实验教学研究得多,基于新课程的实验教学研究得少

从有关文献中分析不难发现,当前有关实验教学的研究,主要还是基于传统背景的,更多的文献也是在课程改革以前形成的,研究内容基本上还是课堂演示实验、实验改进、学生分组实验、学生课外实验活动等。在这些纷杂的基于传统背景的实验教学研究成果中,很多是应试方面的实验教学研究成果,出发点是如何在中、高考中取得好成绩,很少是基于学科能力和学科素养培养的实验教学研究成果,尤其是对新课程背景下的实验教学研究更少。在实验探究的教学研究,探究实验与学科能力、创新能力、学科素养培养的关系研究等方面,亟待有推广价值的研究成果。

5.高中阶段的实验教学研究得多,初中阶段的实验教学研究得少

由于种种原因,在国内的实验教学研究成果和文献中,关于高中阶段的

化学实验教学研究成果相对较多，而对初中阶段的化学教学研究甚少，有关初中化学实验教学的研究成果更少，且局限于实验改进、实验代用品的研究和强化实验现象观察的研究。这种忽视基础教育阶段的化学实验教学的研究，也是忽视中学化学实验基础的研究，不仅严重影响了学生学科实验基础能力的培养，而且还产生了极为不良的急功近利的错误导向，进一步弱化了初中阶段的化学实验教学。

6.实验中常见问题研究得多，实验教学方式研究得少

从我们所能检索到的文献中还能看出，有关中学化学实验教学的研究，对实验过程中出现的各种各样的问题研究较多，往往从解决实验中的问题出发，从实验的可观性、安全性、可操作性等层面提出一些解决问题的办法，但对中学化学实验教学方式的研究相对较少。如实验教学的有效性研究、传统实验教学与探究实验教学的比较研究（对比研究）、探究性实验的行动研究、实验资源的开发与利用研究等，这些有关实验教学方式的研究，不仅可以提高中学化学实验教学的有效性，也更具有研究价值和研究意义。

7.以教科书为中心研究得多，以实验课题的形式研究得少

目前，绝大多数的实验教学研究都是围绕化学教科书展开的，甚至很多有关化学实验室的仪器、材料目录都是根据教科书编写的，有关实验的视频录像也是按照化学教科书的编写内容录制的。如设计或改进教科书上的实验仪器、装置，以提高实验的演示效果；根据教学要求设计一个新的实验，以强化课堂教学效果；探索反应机理，使实验的设计或改进能做到有的放矢；等等。而对于中学化学实验中如何更好地实施素质教育，如何设计和开展研究型课程中的实验教学活动，如何在实验教学中实施科学方法、科学态度的教育，怎样以化学实验教学为载体更好地培养学生的创新意识和创造能力等更广义的实验研究课题却很少有人问津。

8.低效、盲目、重复性研究得多，原创性与开拓性研究得少

纵观国内的一些化学实验教学研究成果可以看出，当前国内的中学化学实验教学研究，具有原创性和开拓性的研究成果相对较少。当然，也有一些研究者只埋头拉车，不抬头看路，有些中学化学实验教学的研究成果已多次

公开发表，但仍有众多的研究者步其后尘进行重复研究，甚至有的研究者在用形似试管的代用品替代试管，形似烧杯的容器来替代烧杯等方面投入很多精力，并把自己的实验结论作为所谓的实验研究成果加以推广。

9.重视化学实验研究成果的多，兼顾实验研究实用性的少

在当前的中学化学实验教学研究中，一些人研究的出发点有偏差，急功近利、一味追求研究成果，应该在科学实验或探索行动以后才能得出的结论，凭主观想象就轻易给出；很多化学实验研究成果缺乏理论依据，特别是许多化学实验教学研究脱离中学化学实验教学实际，实验过程缺乏真实性，实验成果缺乏实用性，一些成果没有实用价值，也有一些成果纯属纸上谈兵。虽然有的研究者从应试角度出发，有效开展了中考化学实验复习及应试研究，也发表了很多研究成果，迎合了一些读者，但其实这种研究并不是真正意义上的中学化学实验教学研究。尤为甚者，有的研究者为了能够早出成果、快出成果，一失败就放弃，一成功就著文发表，成败往往囿于个人的经验。

10.对具体实验改进研究得多，对实验教学系统性研究得少

当前，各类文献上所呈现的中学化学实验教学研究成果，更多的是实验改进方面的成果，如通过对《化学教育》的"实验教学与教具研制"和《化学教学》的"实验园地"栏目的简单调查发现，两大栏目的文章主要以实验过程及实验现象探究、实验改进、新实验设计、实验代用品开发与利用等为主，而且几乎每一期杂志中都有实验改进、新实验设计等方面的文章。调查还发现，当前对实验改进的研究，也仅仅局限于对教科书上的实验进行改进，包括将演示实验改成学生实验，性质验证实验改为探究实验等，突出解决实验效果问题、实验安全性问题和实验可观测性问题。然而，却很少有人对实验教学的系统性开展研究，对如何在不同学段开展实验教学，高、初中阶段实验教学如何有效衔接，不同学段的实验教学有何特点，如何提高不同学段实验教学的有效性等都缺乏研究。

针对当前中学化学实验教学研究的现状，我们认为在开展中学化学实验教学研究的思路和方向上，需要从基于化学教科书内容和升学应试的化学实

验教学研究，走向基于学生探究能力、创新能力、实践能力、学科能力培养的化学实验教学研究；从某一个学段、某一模块的化学实验教学研究，走向跨学段的、各个模块互通的、综合性的中学化学实验教学研究；从过于注重理论探讨、理论假设和理论应用的中学化学实验教学研究，走向集理论探讨、行动研究和实践探索于一体的中学化学实验教学研究；从基于化学学科教学内容的化学实验教学研究，走向基于课程资源的、服务课程改革的中学化学实验教学研究；从基于国内学校或个人的实验教学经验的案例分析研究，走向国内外化学实验教学比较，并加以借鉴、推广、总结、提升的中学化学实验教学有效性研究；从以高校实验教学教师、教育科研机构实验研究专家等研究人员为主体的中学化学实验教学研究，走向以专家引领、一线化学教师基于中学化学课堂教学实际的中学化学实验教学研究。因此，中学化学实验教学研究在以下论题上大有文章可做：（1）围绕中学化学实验教学在新课程改革方面所面临的理论与实践困惑，探索如何更好地开展中学化学实验教学研究；（2）针对当前中学化学实验教学在新课程改革方面的重点、热点与难点问题，进行前瞻性的问题解决思路与方法研究；（3）中学化学实验教学在新课程改革方面典型案例的分析与研究；（4）实验室建设和管理方面如何主动适应新课程，为教育教学改革服务的相关研究；（5）中学化学实验教学活动的成果及经验总结分析研究；（6）基于信息技术与平台的中学化学实验教学研究；（7）具体的中学化学实验改进、实验设计与技术及自制教具方面的成果研究；（8）中外化学实验教学的比较研究；（9）探究性实验活动设计与探究性实验室建设研究；（10）中学化学实验教学的有效性研究。

关于高中化学教学中科学探究的
几个问题的讨论

科学探究是中学生学习化学和建构化学知识的一种重要方式,也是高中化学课程的重要内容,同时还是培养学生探究意识和提高探究能力的重要途径。《普通高中化学课程标准(实验)》强调,通过以化学实验为主的多种探究活动,使学生体验科学研究的过程,激发学习化学的兴趣,强化科学探究意识,促进学习方式的转变,培养学生的创新精神和实践能力。该标准特别要求教科书在编写时,要重视科学探究活动素材的收集和设计,激励学生积极主动地体验科学探究的过程;要精心创设学生自主活动和积极探究的情境,引导学生积极参与探究过程,获取知识,获得亲身体验,学会合作与分享,提高探究欲望。其又在内容标准中给出了具体的活动与探究建议,在高中化学课程实施建议中也提出了重视探究学习活动,发展学生的科学探究能力的要求。但是,广大化学教师对什么是科学探究,在教学活动中如何开展有效的科学探究活动,如何通过有效而科学的探究活动建构知识、培养能力,都还存在一些理解与认识上的误区,现从教学实践的角度对有关问题讨论如下。

1.化学科学探究的要素问题

高中化学课程标准将科学探究过程分为提出问题、猜想与假设、制定计划、进行实验、收集证据、解释与结论、反思与评价、表达与交流等8个要素。

（1）提出问题。提出问题是科学探究的首要环节。学生不仅要从日常现象、化学学习和生产生活中，经过启发或独立地发现一些有探究价值的问题，还要能够比较清楚地表述所发现的问题。

（2）猜想与假设。它在科学研究中占有极其重要的地位，它作为对所研究问题的可能的解决方法和回答，是对问题解决的尝试性见解。科学探究提倡让学生利用已有的知识经验来解决问题，把学生推到了主体的地位。猜想与假设的结果必须是以已有知识为基础的，必须是合乎逻辑的，且这个结果应该是可以验证或检验的，否则猜想与假设的结果是无意义的。

（3）制定计划。它是对猜想与假设的结果进行实践检验的首要环节，是实验探究的思维体现。如何证明猜想与假设结果的唯一性，实验操作的合理性，是制定计划的关键，其计划中每一个步骤都涉及大量的科学方法，这有助于开发学生智力，培养学生的创新精神和创新能力。

（4）进行实验。学生积极参与化学实验，一方面要能够顺利地完成实验操作，另一方面要在实验过程中注意将观察和思考相结合，通过亲身经历体验实验过程中所涉及的方法，掌握实验操作技能，获得相关的科学知识。

（5）收集证据。学生不仅要学会运用调查、查阅资料等方式收集解决问题所需要的证据，还要能够运用多种方式对物质及其变化进行有目的、有计划地观察，对观察、测量和调查的结果进行记录，并运用图表、文字等形式加以表述。

（6）解释与结论。对所收集的事实和证据进行思维加工，判断并解释事实证据与猜想假设结果之间的关系，并在此基础上通过比较、分类、归纳、概括等一系列思维活动，得出一定的结论。

（7）反思与评价。它是贯穿整个探究过程的一个重要环节，学生要在教师的指导下或通过与他人讨论，自觉地对探究过程的每一项活动在有必要的时候进行反思，开展自我评价。学生通过评价不仅可以尝试提出改进的具体建议，还能亲身体验到探究的乐趣和成功的喜悦。

（8）表达与交流。用口头、书面等方式明确地表述探究的过程和结果，与他人交流和讨论，在此基础上改进和完善个体的探究过程和所得结论。

2.化学科学探究的环节问题

科学探究的"要素"不同于"环节"，一个过程缺少必要的环节就会中断，而课程标准中所说的"要素"是科学探究的标志。一个具体的教学过程，只要有一两个这样的要素也就有了探究性，也就是说，学习时科学探究不一定是"完整"的。

如，要求同学们"写出 $C_4H_8O_2$ 可能存在的同分异构体"，同学们可能的探究过程如下：

（1）提出假设。首先根据分子组成对" $C_4H_8O_2$ "可能存在的同分异构体的类型进行假设：羧酸、酯、醛、酮、烯二醇、环二醇等。

（2）尝试书写。根据假设，逐一分类型写出相应的同类同分异构体。如羧 酸 类： $CH_3CH_2CH_2COOH$ 、 $(CH_3)_2CHCOOH$ ；酯类： $CH_3CH_2COOCH_3$ 、 $CH_3COOCH_2CH_3$ 、 $HCOOCH_2CH_2CH_3$ 、 $HCOOCH(CH_3)_2$ 。

（3）检查判断。对所写出的各类同分异构体，依据有关要求与规律（如同一碳原子上不能连接两个羟基，羟基不能直接连接在碳碳双键上等），逐一进行检查、分析、判断，去除重复或不符合要求的异构体形式。

（4）书面交流与表达。按要求写出全部可能存在的同分异构体形式，同伴之间互相交流，在一定范围内表达自己的想法。

（5）反思与评价。从提出假设开始，直到表达与交流，不断地反思与自我评价，以优化思路及方法，培养能力。

显然，确定 $C_4H_8O_2$ 可能存在的同分异构体的过程，就是一个充分体现科学探究特征的过程，但不是一个"完整"的科学探究的过程。

3.化学科学探究的形式问题

实验是化学学科的基础，从整体上说，是化学实验推动了化学学科的发展，但绝不能说化学学科中的每一个规律都"应该"或者"可以"直接从实验中总结出来。明确了这个认识以后，我们就敢于确认：包含了科学探究的若干要素，但不包含学生实验或演示实验的教学过程，即没有化学实验的教学过程也可以是科学探究的过程。明确了这一点，我们就能解放思想，克服教学中科学探究的形式主义。

学生在学习中可以根据学习内容及学习过程，通过多种形式体验科学探究的过程，而不是通过单一形式进行科学探究，即科学探究的形式绝不仅仅局限于实验探究一种形式。有些教师所做的"做中学"的尝试有助于改变我国化学教学中轻视实践、轻视操作的教学现象，但同任何教学方式一样，它也有一定的适用范围，一味地强调在操作中学习，过分追求实验探究，并不是我们课程改革的理念。当前，很多教师所倡导的往往都是科学实验的探究形式，把实验探究当成是唯一的探究形式，甚至逢实验必探究，每节课必进行实验探究，化学教学课堂变成了实验探究课堂，这种现象必须加以纠正。

如确定"$C_4H_8O_2$"可能存在的同分异构体的探究过程，就是一个与实验毫无关系的探究过程，其科学的探究价值绝不低于实验探究。

4. 科学探究中的价值性问题

我们经常遇到这样的实验探究性问题，甚至这个问题已经出现在一些考试的实验题中：1 mol/L硫酸溶液和2 mol/L的盐酸溶液中加入等量的形态完全相同的锌粉，盐酸与锌粉的反应速率要远大于硫酸与锌粉的反应速率！

对于实验探究以服务知识建构为主的目标而言，这个探究性实验问题的价值如何？如果纯粹以考查实验探究的环节和要素为目的的话，这恰恰又不是各类考试的目标要求！

科学探究的价值性还体现在探究的科学性上，科学的探究才是合理的，也是最有价值的。科学探究的过程是一个科学的探索与研究过程，探究的科学性主要体现在每个要素的科学性上。科学探究的一个重要因素就是科学的猜想与假设，它是制定科学的研究计划、指导科学研究和探索行动的方向性保证。猜想与假设在本质上不同于不负责任地乱说，猜想与假设更需要讲究科学性。如对于这道有争议的实验探究问题，我们如何进行猜想与假设才是科学的呢？显然，科学的猜想就是可以认定氢气产生速率的不同是SO_4^{2-}与

Cl⁻的不同造成的，基于此，我们可以作如下假设：（1）Cl⁻对锌与H⁺的反应有促进作用，而SO_4^{2-}对锌与H⁺的反应没有影响；（2）Cl⁻对锌与H⁺的反应没有影响，而SO_4^{2-}对锌与H⁺的反应有抑制作用；（3）Cl⁻对锌与H⁺的反应有促进作用，而SO_4^{2-}对锌与H⁺的反应有抑制作用。有了这些科学的假设，我们就可以制定实验计划，分别对这些假设进行科学论证，最终给出科学的解释与结论。

5.科学探究的阶段性问题

学生探究能力的培养并不是一步到位的，不同阶段的学生的探究能力培养目标和要求是不同的，是随着化学学科能力和教学要求的提高而不断发生变化的。因此，科学探究的过程应分三个阶段来考虑。第一阶段，以培养科学探究能力，熟悉探究过程及环节为目标，这个阶段是中学化学教学的起始阶段，以教师的引导为主；第二阶段，以培养探究能力及建构知识为主要功能目标，这个阶段的同学已经具备了一定的探究能力基础，通过科学探究，有助于进一步认识科学探究的过程，熟悉科学探究要素与环节，同时建构有关的化学学科知识；第三阶段，主要以建构知识为目标，这是科学探究价值性的集中体现阶段，这时的中学生已经具有一定的科学探究能力，科学探究已经成为一种学习知识、巩固知识和培养学科能力的重要手段。

科学探究的阶段性要求给我们的启发是，教学中没有必要把所有的问题都设计成探究性问题，更没有必要把所有的实验都设计成探究性实验。如果过分地追求科学探究的价值与安排，一方面必然会延长教学时间，在一定程度上增加了教学难度，增加了教学环节，延长了教学过程；另一方面也是没有必要的，因为探究能力培养目标并不是中学化学唯一的学科发展目标，其更多地是为了基于未来的发展考虑的。另外，很多情况下所谓的科学探究的条件也是不具备的。

科学探究的阶段性还表现在即使是同一类型的教学内容，在必修模块与选修模块中的科学探究的要求及科学探究能力培养的目标也是有很大不同的。如课程标准关于糖的水解性质的活动与探究建议，在必修2与选修5中的实验要求是明显不同的，必修2中要求进行"实验：淀粉的水解和水解产物的检验"，而选修5中要求"实验探究：蔗糖、纤维素的水解产物"。显然，对于淀粉水解反应，必修2只是提出了实验的要求，而没有明确提出探究的要求，进入选修模块教学以后，教学目标有了提升，对同样属于糖的蔗糖、纤维素的性质实验提出了探究的目标要求。这样的区分，一方面给我们教学中准确把握教学目标要求提出了重要依据；另一方面，也给我们对科学探究能力培养的阶段性与层次性的把握提供了重要参考。

6.科学探究与知识建构问题

我们知道，科学探究在中学化学教学阶段中是以建构知识为主要目标的，即科学探究主要是为建构知识服务的。但我们还必须防止出现另一种极端情况，那就是教师在教学中把科学探究甚至把实验探究当成化学知识建构的唯一途径，所有的教学活动都设计成科学探究的形式。显然，这样做不但浪费资源，而且也不是课程目标所要求的。

因此，我们在课堂教学中，必须明确科学探究只是建构知识的一种途径，但它却不是唯一的途径。无论从时间成本考虑，还是从知识建构的效率为出发点，通过科学探究来建构所有的知识都不一定是最为科学的。如在化学选择必修1《化学反应原理》中关于浓度对化学反应速率影响的有关知识的建构，一般有两种途径：一是来自学生在必修1中建立的关于实验室制取氯气的经验，已经建立了稀盐酸与二氧化锰制氯气的反应速率很慢，必须用浓盐酸来制氯气的认识；二是来自探究实验的结果，在控制变量（$Na_2S_2O_3$溶液浓度及反应温度）的情况下，通过比较$Na_2S_2O_3$溶液与不同浓度硫酸反应的速率获得认识，给出结论。显然，这个时候学生的经验所建构的关于"浓度大，反应速率快"的知识则更具有科学价值。

综上所述，科学探究是一种精神，它应该渗透于整个高中化学学习的全过程，教师要想尽一切办法调动学生探求新知识的积极性。与此同时，我们在教学过程中必须科学地安排科学探究活动，注意选择科学的探究形式，最大限度地发挥科学探究的价值。

化学课堂教学

浅谈"分子的立体构型"的有效教学

普通高中化学选修3《物质结构与性质》第二节"分子的立体构型"是高考全国卷选考题必考的内容,判断所给分子或离子的空间构型已经成为各类考试考查的热点。全国卷高考化学选考内容分别涉及2个模块,即考生可以在选修3《物质结构与性质》和选修5《有机化学基础》等2个选修模块的试题中任选一道试题作答。通过对安徽省2016年全国卷高考考生化学选考试题的得分情况(见表1)分析可知,虽然选考选修5的考生相对比较多,但选考选修3试题的考生占有一定的优势。

表1　2016年安徽省高考选修3、选修5考生得分情况

选考模块	选考人数	选考比例/%	均分	难度	满分人数
选修3	96472	34%	7.75	0.52	227
选修5	162155	57%	5.76	0.38	33

由于选修3试题难度小、门槛低,考生容易上手,得分容易,再加上教学内容少,所需要的教学时间短,高考中一定会有越来越多的学生选择选修3作为高考化学的选考模块。由于选修3模块内容在很多省份以往的自主命题中不作考试要求,结果选修3的内容对于我们的广大教师来说很陌生,可

能是第一次尝试教学，必然会出现现成的教学资源相对缺乏，有关内容的教学经验严重不足的情况。因此，我们的教师只能参照教科书及教学参考书上的内容安排及知识线索安排教学，结果我们的教学中就出现了教学线索不明、教学效率不高等问题。现结合自己的教学经验及教学体会，对"分子的立体构型"的有效教学提出自己的设想与建议。

一、内容线索问题

人教版选修3《物质结构与性质》第二章第二节"分子的立体构型"所安排的主要内容线索大致为：形形色色的分子→价层电子对互斥理论→杂化轨道理论→配合物理论。究其教学内容显然主要就是两点，一是分子与离子构型判断，二是配位键与配位化合物。关于分子或离子构型判断，人教版教科书的内容线索为：从列举出常见的形形色色分子结构式、结构模型出发，引出价层电子对互斥理论（VSEPR），通过计算与判断确定分子的结构模型，再进一步引出杂化轨道理论，进一步判断相关的分子结构模型。这样的线索，显然也是有必要的，先创造确定分子构型方法的必要性情境，引发学生兴趣，激发学习热情，进而再学习价电子层互斥理论、杂化轨道理论，以求得到判断分子构型的一般方法。但在实际教学中，我们发现这个线索并不是最佳的，判断起来也不是最为有效的，特别是对离子构型的判断没有可靠的方法。通过教学实践探索和教学检验，知识内容采取以下线索实施教学效果比较理想：以最为常见的分子如二氧化碳分子、甲醛分子、氨分子、水分子、甲烷分子等为例，安排学生指出它们的键角（建立键角与分子构型的关系，巩固键角的概念），判断它们的立体构型（学生已经熟悉，这里主要是巩固前知，为后面的教学服务），写出它们的电子式（区分结构中电子对的不同，区分出共用电子对与孤对电子对，比较有无孤对电子对的同类型分子的结构），再指出中心原子的杂化方式，进一步建立键角、有无孤对电子对，以及中心原子的杂化方式与它们的分子构型的关系。最后再列举出常见的分子或离子，如二氧化硫、亚硫酸根离子、三氧化硫、硫酸根离子、氯酸根离子、高氯酸根离子、碳酸根离子等，让学生运用前面的经验判断它们的构型，新旧知识产生冲突，最后引出判断分子构型的另一种方法。

二、教学重点问题

虽然人教版"分子的立体构型"共安排了长达10页的教学内容，但实际教学内容主要就两个方面，一是分子或离子构型的判断，二是配位化学的简单知识。显然，教学中只要通过典型案例说明什么是配位键，形成配位键的条件是什么，哪些物质中存在配位键，掌握配位化合物的组成、命名等就行了。因此，这一节课的教学重难点就是分子或离子的构型判断。而人教版教科书"分子的立体构型"在处理这个教学重难点时，先是在"形形色色的分子"中简单列举了常见分子的结构式、结构模型，然后引出价层电子对互斥理论（VSEPR）或模型，轻描淡写地介绍了杂化轨道，对杂化方式与分子构型作了简单的对比。在实际教学中我们发现，这种处理重难点的方法很低效，所推出的理论很抽象，实用性不强，学生在实际解题中判断不准确，教学效果不理想。在实际教学中我们还发现，如果我们在教学中从这一节的开始就让学生学会如何判断常见的分子或离子构型这项任务，教学效果截然不同。

首先，我们需要帮助学生设法通过经验建构来建立常见的分子组成与空间构型的联系，如表2。

表2　分子组成与空间构型的联系

分子组成	AB	AB_2	AB_3	AB_4
对称型构型	—	直线形	平面三角形	正四面体形
变形型构型	—	V形	三角锥形	四面体形

然后分别从四个方面来安排教学，也就是让学生学会从四个方面来判断常见的分子或离子的构型。

1.依据键角大小

其实键角并不是什么判断依据，而只是让学生知道某种分子类型的键角与分子构型之间的关系。如AB_2型分子，如果键角为180°，则分子构型为对称型,即直线型,如果键角为104.5°,则为变形型分子,即V形分子。

2.依据有无孤对电子

分子的中心原子无孤对电子,分子中各原子充分伸展,结构对称;分子的中心原子有孤对电子,孤对电子对共用电子对产生排斥作用,使分子结构变形。如$BeCl_2$、BF_3、CH_4等分子的中心原子无孤对电子,结构对称,分别为直线形、平面三角形和正四面体形。而H_2O、NH_3等分子中有孤对电子,结构变形,分别为V形和三角锥形结构。这种判断也非常简单,只要学生能把电子式写正确,把分子组成类型对照准确,就能对分子立体构型做出对称型和变形型的判断,进而确定出相关分子的立体构型。

3.根据杂化方式

实际上杂化方式也不是判断分子构型的依据,但我们也是希望学生建立杂化方式、杂化轨道伸展方向和分子构型之间的联系,当然判断分子构型也还需要结合其他原理加以正确判断。如乙醛分子、乙炔分子、甲烷分子中碳原子分别采取了sp^2、sp、sp^3杂化,中心原子无孤对电子,则它们全部呈现对称型结构,即平面三角形、直线形和正四面体形。又如,氨分子中的氮原子采取的也是sp^3杂化,充分伸展的杂化轨道之间的夹角为109°28′,如果4条轨道全部有共用电子对,则应该是正四面体形,但氨分子中有1对孤电子,则为变形结构,呈三角锥形,当NH_3结合一个H^+以后,所有电子对都变成了共用电子对,结构则变成了对称结构,即呈正四面体形。又如,H_2O的中心原子氧原子也是sp^3杂化,含有2对孤对电子,结构变形,为V形结构,当结合一个H^+以后变成了H_3O^+,仍含1对孤对电子,结构变形,为三角锥形,再结合一个H^+以后变成了H_4O^{2+},结构对称,为正四面体形。

4.依据中心原子化合价

中心原子元素化合价对分子或离子的构型判断有着非常重要的价值。在给出常见的二氧化硫分子、亚硫酸根离子、三氧化硫分子、硫酸根离子、氯酸根离子、高氯酸根离子、碳酸根离子、硝酸根离子等以后,让学生去判断,这时候的学生就会遇到困难,产生困惑,此时如果我们因势利导地带领学生分析中心原子元素的化合价,就会发现这些分子或离子的中心原子元素化合价有的等于价电子数，有的不等于价电子数，于是就有了这样的规律：中心原子元素化合价=中心原子的价电子数，结构对称；中心原子化合价≠中心原子的价电子数，结构变形。所以，不论是分子还是离子，只要判断出中心原子元素的化合价，结合分子组成类型和中心原子价电子数，就可以准确做出判断。所以，二氧化硫分子、亚硫酸根离子、氯酸根离子等中心原子元素化合价不等于价电子数，则它们的结构变形，如亚硫酸根离子为 AB_3 型离子，结构变形，为三角锥形；高氯酸根离子、碳酸根离子、硝酸根离子、三氧化硫分子、硫酸根离子等中心原子元素化合价等于它们的价电子数，则它们的结构对称，如硝酸根离子也为 AB_3 型离子，结构对称，立体构型必然为平面三角形。

在比较中学会建构，在类比中学会反思
——以有机化合物必修内容的学习为例

比较法是中学生必备的一种学习策略，通过对有关事物的比较，助力有关学习内容的深度掌握，在比较中建立联系，形成稳定记忆架构。发现法是中学生重要的一种学习方式，通过有意或无意地对比联系，发现事物的本质规律。比较发现法则是一种更加积极的学习新思路。简单地说，就是把比较法与发现法放在一起，形成"组合拳"，即有意地设置比较对象，通过有关事物本质或属性的比较，使同学们在比较分析中发现新联系，总结新规律，建构新知识。

类比是依据已知学习对象的某些相同或相似的性质，去推断它们在其他属性上也可能存在相同或相似的一种推理形式。类比思维是一种惯用的推理思维，要确认其假设的正确性，还须经过严格的反思求证和科学的逻辑推理。经过研究发现，如果把比较发现与类比思维有机结合，不仅可以增加类比结论的可靠性，还可以提高比较发现的效果。比较发现与类比的内涵、区别与联系具体见表1。

表1　比较发现与类比的内涵、区别与联系

学习方法	比较发现	类比
内涵	在比较中发现规律,建构知识,建立联系	在类比中推断其他属性,预测事物性质
区别	发现的是事物的客观属性	类比存在一定的不可靠性
联系	都是以比较为基础,任何结论的得出、逻辑思维的形成、知识的产生、规律的总结都是建立在有意义的比较之中	

不难看出，比较发现法不仅有利于知识的建构、方法的探索、规律的总结，而且对学生观察问题能力、发现问题能力，以及解决问题能力的培养有着独到的价值，也是一种积极有效的知识建构方法。而类比法虽然好用，又在建立物质的内在联系上有独到之处，但类比的结果容易失真，必须学会反思，以达到去伪存真的效果。所以，我们在大力倡导比较发现法学习的同时，还要充分认识到类比思维的缺陷，努力避免类比过程中可能出现的失真问题。

1.在比较中学会建构

建构知识的途径与方法多种多样，如文献法、项目式学习法、实验法、科学探究法等。其实，比较发现法不失为一种理想的建构知识的方法。通过科学设计比较对象，在比较中发现规律、建构知识、建立方法，可谓一举多得，尤其是在知识总结与规律发现上，比较发现法有着不可替代的价值。

如，我们在学习烷烃的过程中，如何快速建构烃的同系物的通式，就可以通过比较发现法。这里以烷烃为例。

第一步，列出比较对象。

名称	甲烷	乙烷	丙烷	丁烷	戊烷	己烷	庚烷	某烷
分子式	CH_4	C_2H_6	C_3H_8	C_4H_{10}	C_5H_{12}	C_6H_{14}	C_7H_{16}	C_nH_m

第二步，通过比较发现其中的氢原子与碳原子的关系。

名称	甲烷	乙烷	丙烷	丁烷	戊烷	己烷	庚烷	某烷
分子式	CH_4	C_2H_6	C_3H_8	C_4H_{10}	C_5H_{12}	C_6H_{14}	C_7H_{16}	C_nH_m
碳原子数	1	2	3	4	5	6	7	n

续　表

名称	甲烷	乙烷	丙烷	丁烷	戊烷	己烷	庚烷	某烷
氢原子数	4	6	8	10	12	14	16	m
碳、氢原子数关系	1×2+2	2×2+2	3×2+2	4×2+2	5×2+2	6×2+2	7×2+2	n×2+2

第三步,得出结论,建构关系。

(1)建构的烷烃通式:C_nH_{2n+2};

(2)建构烷烃的命名规则,即碳原子在10以下,用甲、乙、丙、丁、戊、己、庚、辛、壬、癸表示,超过10的,直接用汉字数字表示;

(3)建构的烷烃同系物相对分子质量规律:$M_r=14n+2$,同系物间相对分子质量相差14的倍数,即$14n$。

又如,通过比较烃完全燃烧时碳、氢原子的耗氧量,即1 mol(或12 g)碳原子耗氧量与4 mol(或4 g)氢原子耗氧量相当后不难发现:(1)烃在完全燃烧时,等物质的量烃完全燃烧时,碳原子数多少决定耗氧量;(2)等质量的烃完全燃烧时,氢原子数多少决定耗氧量。由此进一步得出结论:(1)等物质的量的烃完全燃烧,烃分子中碳原子数多耗氧量大,若碳原子数相同则氢原子数多耗氧量大;(2)等质量的烃完全燃烧,氢、碳原子个数比大,则耗氧量大。

例1:(1)完全燃烧等质量的①C_2H_6,②C_3H_4,③C_4H_8,耗氧量从大到小的顺序为_____;(2)完全燃烧等物质的量的①CH_4,②C_2H_4,③C_3H_4,④C_2H_2,⑤C_3H_8,耗氧量从大到小的顺序为_____。

解析:(1)依据烃分子组成,C_2H_6的氢、碳原子个数比为3,C_3H_4的氢、碳原子个数比为$\frac{4}{3}$,C_4H_8的氢、碳原子个数比为2,则耗氧量从大到小的顺序为①③②;(2)根据上述规律,可以直接判断出耗氧量从大到小的顺序为⑤③②④①。

显然,比较发现法不单单建构的是知识,更为重要的是训练了同学们的思维方法,培养了同学们的思维能力,科学地建立了事物之间的联系。当然,比较是需要在一定的情境下进行的,比较对象也必须是有意义的设置,这样才能在比较中发现真正有价值的东西，也才能益智提能。

2.在类比中学会反思

有机化学的普遍性规律中，有一条规律可以表述为"结构决定性质"，正是这条规律的存在，在客观上强化了类比思维的应用。但"结构决定性质"，有其存在的普遍性价值，也有其特殊性。因此，我们在学习有机化学时，既要充分利用普遍性规律，通过类比思维助力有机化合物性质的学习与理解，也要在类比结果建立的过程中学会反思，达到去伪存真的目的。

比如，羟基是有机物中重要的官能团之一，常见的有机化合物乙醇（CH_3CH_2OH）及乙酸（CH_3COOH）中都含有羟基，是不是我们就可以类比出它们的性质相似呢？其实它们的性质相差很大，我们在充分认识羟基普遍性性质的同时，即氢氧键为极性键，也应掌握由于极性不同或羟基所连接的键合原子的不同会直接影响其性质的事实。乙酸为电解质，而乙醇则为非电解质，如果羟基连接在苯环上，所形成的有机物性质又有所不同。又如，羟基与卤素原子，当它们连接到烷基上时，所形成的碳氧键、碳卤键极性都非常强，是不是可以根据这一属性，类比出乙醇中甲基或乙基上的氢原子能够像一氯甲烷、二氯甲烷、三氯甲烷上的氢原子一样，可以继续被氯原子或羟基进一步取代呢？显然，脂肪醇烃基上的氢原子是难以再被取代的，而卤代烃中的烃基性质仍然保留，这也是卤代烃与醇化学性质的最大不同，即卤代烃的性质由烃基和官能团共同决定，而醇的性质往往只由官能团所决定。

由此不难看出，我们在有机化合物学习中，既要充分理解有机化学规律的普遍性，也要考虑一些规律适用的特殊性及个体差异性，尤其是要学会用批判性思维去对待类比结果，要学会对类比结果的真伪进行辨析。

例2：下列关于有机化合物的说法中错误的是（　　　）

A.氯乙烯（$CH_2=CHCl$）属于卤代烃，但仍然可以使溴的四氯化碳溶液褪色，也能与氯气分子发生加成反应，还能聚合成聚氯乙烯

B.乙酸与乙醇分子中都含有羟基，乙酸的水溶液具有酸性，所以乙醇的水溶液也具有酸性

C.甲醇属于乙醇的同系物，所以甲醇与乙醇都能和乙酸发生酯化反应

D.葡萄糖与果糖属于同分异构体，蔗糖与麦芽糖也是同分异构体关系，所以淀粉与纤维素也属于同分异构体

解析：A选项中，氯乙烯中的烃基仍然存在碳碳双键，保留了烯烃的基本性质，即仍然可以发生氧化反应、加成反应、聚合反应等，说法正确。B选项中，乙酸与乙醇分子中虽然都含有羟基，但由于羟基所连接的键合原子不同，羟基的性质明显不同，乙酸可以电离，水溶液显酸性，但乙醇不能发生电离，说法错误。C选项中，甲醇与乙醇同属于饱和一元脂肪醇，也是同系物关系，羟基受到烃基的影响很小，故它们的化学性质相似，说法正确。D选项中，葡萄糖与果糖，分子式相同，仅结构不同，属于同分异构关系，蔗糖与麦芽糖也是如此，但由于淀粉与纤维素同属于高分子化合物，分子的大小存在不同，在具体分子的组成上就会有差异，不一定是同分异构关系，可以肯定，如果某个淀粉分子与纤维素分子的分子式相同，这两个分子之间也一定存在同分异构关系，故此说法也是错误的。答案为B、D。

显然，虽然类比思维存在一定的局限性，但我们决不能完全否定"结构决定性质"的价值。事实上在很多情况下都可以通过类比思维来建立联系或拓展知识运用，这也是我们在研究有机化合物的组成或性质时，为什么只需要选择其中最常见的、最典型的原因。如烷烃通常选择甲烷，烯烃选择乙烯，炔烃选择乙炔，芳香烃则选择苯及其同系物作为研究对象。

浅谈高中化学学习中的模型建构

模型建构，简称建模，也即建立模型，是为了理解事物而对事物做出的一种抽象，是对事物的一种抽象化的文字、图解，或其他形式的描述。通过化学实际学习过程来看，高中化学学习很多知识本身就比较抽象，如果我们设法通过建模的方式来理解或解决，就会达到事半功倍的效果。高中化学学习中的建模，基于问题导向，着眼于问题的解决和知识的掌握以及能力的提升，具有现实价值。高中化学学习需要建模的内容或问题很多，这里简单介绍以下八类模型建构。

1.计算模型

中学生化学学习中难以克服的问题之一就是化学计算问题。20世纪末，高考化学试卷的压轴题往往都是化学计算题，旨在通过对计算能力的考查来区分考生。近年来，高考淡化了化学计算问题，降低了计算的难度。其实化学计算并不是纯粹的数学运算，它是数学运算关系与化学反应原理的有效融合，通过运算更有利于对化学原理的掌握，更能有效地帮助我们掌握化学反应过程中物质之间量的关系。化学计算需要从化学反应过程中量的关系去抽象，通过一系列量的关系寻找，比较分析数据，排除例外条件，建立计算模型，然后再将模型运用到实际的化学计算中。

模型一：金属与硝酸的反应计算。

【模型建构】设金属与硝酸反应过程中，HNO_3 中 N 元素的化合价变化值为 a，根据氧化还原反应中得失电子守恒，则有：

（1）金属每失 1 mol e^-，则被还原的 HNO_3 必为 $\frac{1}{a}$ mol，未被还原的 HNO_3 则必为 1 mol；

（2）金属与硝酸反应所消耗硝酸总物质的量：$n(HNO_3)$=转移电子总量×$(1+\frac{1}{a})$mol；

（3）金属与硝酸反应中被还原硝酸的物质的量：$n_{被还原}(HNO_3)$=转移电子总量×$\frac{1}{a}$mol。

【模型分析】硝酸与金属反应的计算模型并不难理解，实际上它是氧化还原反应量的关系的灵活运用。HNO_3 中 N 元素的化合价变化值为 a，即是硝酸分子作为氧化剂所获得的电子数值，同时，金属元素的化学价也会上升 a。因此，每转移 1 mol e^-，根据得失电子守恒，必消耗 $\frac{1}{a}$ mol HNO_3 作氧化剂，则必有 1 mol NO_3^- 和金属阳离子结合。如 a 为 3 时，还原产物为 NO，a 为 1 时，还原产物为 NO_2，当 a 为 4 时，还原产物为 N_2O 或 NH_4NO_3。

例1：6.5 g Zn 恰好与 125 mL 2 mol·L^{-1} 硝酸完全反应，则 HNO_3 被还原的产物为（　　　）

A.N_2O　　　B.NO_2　　　C.NO　　　D.NH_4NO_3

解析：已知锌被氧化为 Zn^{2+}，反应中所消耗硝酸的总物质的量为 2 mol·L^{-1}×0.125 L=0.25 mol，则根据【模型建构】（2），$\frac{6.5}{65}$×2×$(1+\frac{1}{a})$=0.25，a=4，即 HNO_3 中 N 元素化合价在化学反应中变化了 4 个单位，故 HNO_3 被还原的产物中 N 元素的化合价为 +1 价。答案为 A、D（NH_4NO_3 中 N 元素的平均化合价为 +1 价）。

例2：20 g 铜银合金加入 80 mL 稀硝酸中，共收集到标准状况下 2.24 L NO

气体，并有合金剩余，求硝酸的浓度。

解析：此题应用规律稍有难度，难就难在解题的切入点上。因为合金剩余多少，铜银各有多少参加反应都无法知道。因此，解题时需要转换角度，从生成物 NO 入手。显然 NO 是 HNO_3 得电子后转化而来，已知 N 元素化合价变化值为 3，则根据【模型建构】（2），$n(HNO_3)=\dfrac{2.24}{22.4}\times3\times(1+\dfrac{1}{3})=0.4$ mol，则 $c(HNO_3)=\dfrac{0.4\ \text{mol}}{0.08\ \text{L}}=5$ mol·L^{-1}。

不难看出，此计算模型虽然特殊，但在硝酸与金属反应的计算问题中非常实用，尤其是对硝酸与金属反应的定量关系理解有非常大的帮助。

模型二：烃的燃烧计算。

【模型建构】一定体积的气态烃（氢原子数少于或等于 4）完全燃烧，反应前后气体体积（相同条件）变化量只与烃分子中氢原子数有关。设一温度下 V L 某气态烃完全燃烧，前后体积变化量为 ΔV L，$C_mH_n+(m+\dfrac{n}{4})O_2\rightarrow mCO_2+\dfrac{n}{2}H_2O$，则有：

（1）若生成气态水，$\dfrac{\Delta V}{V}=\dfrac{n}{4}-1$。

推论：当 $n=2$ 时，C_2H_2 反应前后体积减小；当 $n=4$ 时，CH_4、C_2H_4、C_3H_4 等反应前后体积不变。

（2）若生成液态水，$\dfrac{\Delta V}{V}=\dfrac{n}{4}+1$。

【模型分析】虽然看起来这个模型非常抽象，烃的燃烧计算前后体积变化只与氢原子数有关，但模型的原理非常简单，就是因为烃在燃烧过程中，每存在一个碳原子，必须消耗一个氧气分子，也必然产生一个二氧化碳分子，因碳原子引起的反应前后体积或分子数变化为 0。当然，此模型应用的条件也非常苛刻，即燃烧的烃必须为气态烃或在一定条件下为气态的烃，而且烃燃烧过程中碳元素只能转化为二氧化碳，即烃必须完全燃烧。

例1：10 mL 某气态烃在 45 mL O_2 中充分燃烧，生成液态水，得 30 mL 混合气体，求烃可能的组成。

解析：已知烃燃烧生成液态水，依题意则有，$\dfrac{55-30}{10}=\dfrac{n}{4}+1$，求得 $n=6$，初步判断该烃是氢原子数为 6 的气态烃，即该烃可能为 C_2H_6、C_3H_6、C_4H_6。又根据生成物为混合气体，可知氧气有剩余，由于 10 mL C_3H_6 恰好在 45 mL O_2 中燃烧，且 45 mL O_2 不能支持 10 mL C_4H_6 的完全燃烧，故只有 C_2H_6 符合题意。

例 2：3 L 甲烷、乙烷混合气体在 20 L O_2 中充分燃烧后，恢复到室温，余下 16.5 L 气体，求甲烷、乙烷的体积。

解析：设混合气体中 CH_4 的体积为 x L，则 C_2H_6 的体积为 $(3-x)$ L。依题意，烃燃烧后生成液态水，燃烧前后的体积变化量为 6.5 L，根据 $\Delta V = V(\dfrac{n}{4}+1)$，则有：$x(\dfrac{4}{4}+1)+(3-x)(\dfrac{6}{4}+1)=6.5$，解得 $x=2$。故甲烷、乙烷的体积分别为 2 L、1 L。

不难看出，建立化学计算模型，不仅能突破计算难点，更为重要的是可以简化计算过程，实现快速解题，在做选择题的过程中非常简便实用。当然，在建立这些模型的过程中，最为重要的不是模型抽象，而是所建立模型对应的条件控制。

2.概念比较模型

中学化学学习中，绝大多数概念通过抓住关键词的方式便可理解，但有些基本概念则比较抽象，直接从定义中去认识与掌握比较困难，如果通过模型认识则相对比较简单，也更容易掌握与理解。现举例如下：

模型一：核素、同位素、元素概念比较。

【模型建构】比较 $^{35}_{17}Cl$、$^{37}_{17}Cl$；$^{1}_{1}H$、$^{2}_{1}H$、$^{3}_{1}H$ 等符号，思考下列问题：

（1）这些表示多少种原子？它们之间是什么关系？

（2）这些原子可表示多少种元素？

（3）原子间相互组合，构成多少种分子？

（4）所构成的分子构成多少种物质？

【模型分析】这个模型看起来仅仅是一道思考题，却有助于解决同位素、纯净物等概念理解方面的大难题。$^{35}_{17}$Cl、$^{37}_{17}$Cl 属于氯元素的两种核素，彼此之间互称同位素，$^{1}_{1}$H、$^{2}_{1}$H、$^{3}_{1}$H 属于氢元素的三种核素，它们之间也是同位素关系，进而建立了同位素的概念：质子数相同，中子数不同的同一元素的不同原子，彼此之间互为同位素。原子之间相互或自我组合，可以得到 3 种氯分子、6 种氢分子和 6 种氯化氢分子，这些分子分别属于氯气、氢气和氯化氢等 3 种物质，从而颠覆了初中阶段所建立的纯净物与混合物的概念，即不同种分子可以组成同一种物质。

比较建构是学习概念、建构知识的一种重要手段与方法。很多基本概念的学习都可以通过这种方法建模来加以理解与掌握。

模型二：化学能、活化能、反应热概念比较。

【模型建构】模型如下图所示：

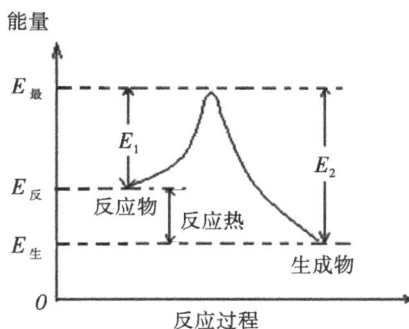

$E_{反}$ 为反应物平均能量，$E_{生}$ 为生成物平均能量，$E_{最}$ 为活化分子发生有效碰撞（即发生化学反应）所需的最低能量。E_1 为反应物活化能，E_2 为生成物逆向反应活化能。

【模型分析】关于活化能的理解，活化能并不是活化分子所具有的最低能量，而是反应物或生成物的平均能量与化学反应发生所需要的最低能量之间的差值。关于化学反应过程的理解，化学反应的过程是一个先消耗能量再释放能量的过程，两者之间的大小决定反应的热效应，化学反应的快慢取决于前一过程的难易。关于化学反应过程中键的变化，化学反应过程是一个"先破后立"的过程，先拆键，消耗键能，数值上相当于反应物的活化能，再成键，释放键能，数值上相当于生成物的活化能，化学反应的快慢取决于拆键的难易。关于反应热的理解,反应热可以表示为 E_2 与 E_1 的差值,E_2-E_1 >0 为放热反应,E_2-E_1<0 为吸热反应。反应热也可以表示为 $E_生$ 与 $E_反$ 的差值,$E_生-E_反$>0 为放热反应,$E_生-E_反$<0 为吸热反应。关于催化剂对化学反应速率的改变,催化剂只能改变化学反应所需要的最低能量($E_最$),即同时改变正逆反应的活化能,同时同倍数改变化学反应的快慢,但不改变化学反应的热效应。

各种模型建构中,图像或框图等形式的模型建构是一种更直观的建构形式,如物质的树状分类不失为一种理解概念内涵与外延的有效方法。建构的关键是如何将有关概念或原理抽象为图像。

3.空间结构模型

中学化学中的空间结构,由于过于微观化和抽象化,其相关内容成为很多同学的学习难点。尤其是微观粒子的空间构型判断,是选修3模块中较难的学习内容,也是高考选考"物质结构基础"的重要考点之一。

【模型建构】利用分子或离子中的中心原子元素化合价与其价电子数之间的关系来快速预测分子或离子的构型。若中心原子元素化合价=它的价电子数,则为标准立体构型,否则为变形立体构型。相关分子或离子组成及空间构型建模如下。

分子或离子组成	AB 型	AB$_2$型	AB$_3$型	AB$_4$型
标准立体构型	直线形	直线形	平面三角形	正四面体形
变形立体构型	直线形	V 形	三角锥形	四面体形

【模型分析】常见的分子或离子组成都可以直接呈现或间接表示为AB$_n$,不同组成的离子或分子结构都有特定的空间构型,但受到粒子组成或中心原子孤电子对的影响,空间结构会发生变形。建立了这种分子或离子的组成及空间结构模型,可以实现分子或离子空间结构的快速判断。判断分子或离子的构型主要步骤为:第一步,确定组成,即确定AB$_n$中的 n 值;第二步,对照有关判据做出判断;第三步,确定结构类型(标准或变形)。高中化学课本中推荐的是用价层电子对互斥理论(VSEPR)来预测分子的立体构型,从学习实践来看,不仅确定电子对类型(价层电子对、σ键电子对、

孤电子对等）复杂，而且判断的准确性取决于公式"中心原子上的孤电子对数$=\frac{1}{2}(a-xb)$"中的a、b、x值的有效确定。

例：判断下列分子或离子的空间构型。

（1）CO_3^{2-} （2）CH_3Cl （3）$S_2O_3^{2-}$ （4）SO_3^{2-}

解析：（1）CO_3^{2-}的组成为AB_3型，中心碳原子元素化合价为+4价，碳原子的价电子数为4，故CO_3^{2-}为标准AB_3型结构，即平面三角形。（2）从组成上看CH_3Cl为AB_3C结构，在正式判断之前需要进行"技术"处理，由于它是甲烷的一氯代物，结构与甲烷接近，可以先按AB_4来进行判断。甲烷中碳原子价电子数与碳元素化合价数值相同，故为标准型的AB_4结构，即正四面体形，但由于位于四面体4个顶点的原子分别为3个氢原子和1个氯原子，结果引起四面体变形，即CH_3Cl为四面体结构，也可以说成是三角锥形，锥顶为氯原子。（3）$S_2O_3^{2-}$也是一种特殊的粒子结构，从名称上看它是SO_4^{2-}中的一个氧原子被硫原子所替代，故可以先按SO_4^{2-}做出判断，显然SO_4^{2-}的结构为AB_4标准型结构，由于四面体的一个顶点为硫原子，导致正四面体变形，$S_2O_3^{2-}$为三角锥形（变形四面体）。（4）虽然SO_3^{2-}在组成上与CO_3^{2-}相同，且中心原子元素化合价相同，但由于中心原子的价电子数不同，故SO_3^{2-}为AB_3型的变形结构，即为三角锥形。

学生对微观领域中的空间构型的认识，靠想象是非常困难的。建模不失为一种非常有效的手段，让学生更直观地去理解并掌握。

4.化学反应机理模型

中学化学中的很多典型反应，虽然反应过程比较复杂，反应原理比较抽象，但一旦建立了相应的反应机理模型，不仅有助于理解与认识某些特殊化学反应的过程，而且有利于一系列具体问题的解决。

模型一：甲醛中间体的反应。

【模型建构】在有机合成反应中，主要通过甲醛中的碳氧双键与有机分子中碳氢键、氢氧键或氮氢键发生亲核加成反应，生成可以发生交联的羟甲基，再通过脱水在有机分子之间或分子内部产生交联。具体的反应机理为：

$$H_2C=O + H-\overset{|}{\underset{|}{C}}- \longrightarrow -\overset{|}{\underset{|}{C}}-\boxed{CH_2-OH}$$

$$-\overset{|}{\underset{|}{C}}-CH_2\dash:OH + H\dash:\overset{|}{\underset{|}{C}}- \longrightarrow -\overset{|}{\underset{|}{C}}-CH_2-\overset{|}{\underset{|}{C}}-+H_2O$$

$$H_2C=O + HO-\overset{|}{\underset{|}{C}}- \longrightarrow -\overset{|}{\underset{|}{C}}-O-\boxed{CH_2-OH}$$

$$-\overset{|}{\underset{|}{C}}-O-CH_2-OH + HO-\overset{|}{\underset{|}{C}}- \longrightarrow -\overset{|}{\underset{|}{C}}-O-CH_2-O-\overset{|}{\underset{|}{C}}-+H_2O$$

$$H_2C=O + H_2N-\overset{|}{\underset{|}{C}}- \longrightarrow -\overset{|}{\underset{|}{C}}-NH-\boxed{CH_2-OH}$$

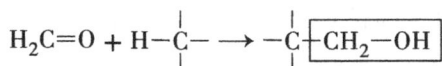

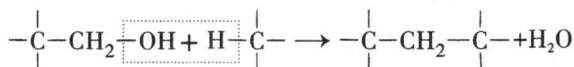

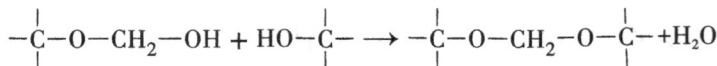

【模型分析】严格意义上讲，所谓的甲醛亲电加成模型实际上是甲醛中碳氧双键发生加成反应的反应机理。但在建立了这个模型以后，很多有甲醛参与的有机合成原理及产物结构问题可以得到很好的解决。如酚醛树脂有线型和体型之分，没有这个模型，中学生难以理解，有了这个模型，我们可以认识到苯酚羟基邻、对位上碳氢键都可以与甲醛加成，分别生成一羟甲基苯酚、二羟甲基苯酚、三羟甲基苯酚等，不同情况下发生缩聚反应，生成线型或体型的酚醛树脂。如线型的酚醛树脂合成如下：

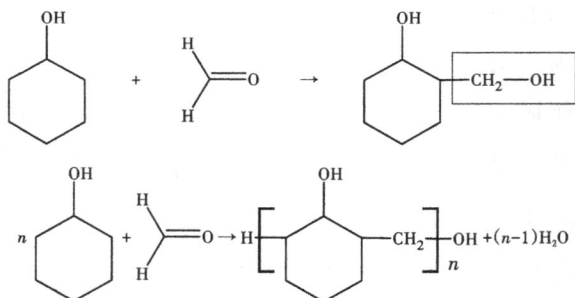

同样是借助甲醛亲电加成反应的反应机理模型，就能容易理解密胺树脂和脲醛树脂的合成。

（1）密胺树脂合成。

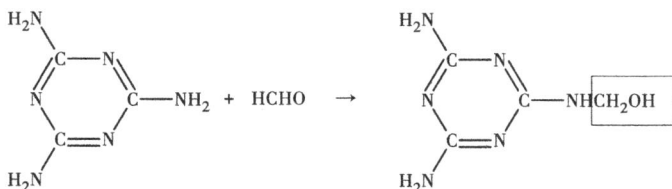

（2）脲醛树脂合成。

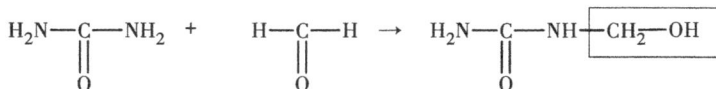

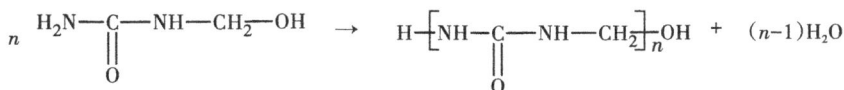

模型二：H^+、OH^-放电的电极反应。

【模型建构】在非酸或非碱溶液中，放电的 H^+ 来自阴极区的水的电离，放电的 OH^- 来自阳极区水的电离。

（1）H^+ 总是在阴极放电，OH^- 总是在阴极上生成，H^+ 在阴极上电极反应有两种表示模型：

酸性溶液中：$2H^+ + 2e^- = H_2\uparrow$ ①

非酸溶液中：$2H_2O + 2e^- = H_2\uparrow + 2OH^-$ ②

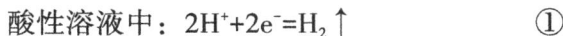

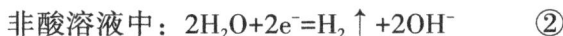

（2）OH^- 总是在阳极上放电，H^+ 总是在阳极上生成，OH^- 在阳极上电极反应也有两种模型：

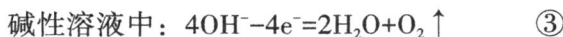

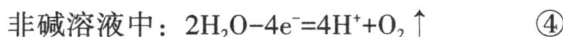

碱性溶液中：$4OH^- - 4e^- = 2H_2O + O_2\uparrow$ ③

非碱溶液中：$2H_2O - 4e^- = 4H^+ + O_2\uparrow$ ④

【模型分析】在高中电化学的学习实践中，H^+、OH^- 放电的经典电极反应式容易掌握，但不能解决电解过程中 H^+、OH^- 在哪个区域生成的问题，如氯碱工业中电解饱和食盐水的排碱口总是设在阴极区。以下典型电解质的溶液在进行电解时，两个惰性电极的电极反应及两极区的pH变化情况，通过建模就可以轻松做出选择与判断。

电解质	阳极区		阴极区	
	电极反应式	pH变化	电极反应式	pH变化
H_2SO_4	④	有H^+生成,pH减小	①	有H^+减少,pH增大
NaOH	③	有OH^-减少,pH减小	②	有OH^-生成,pH增大
Na_2SO_4	④	有H^+生成,pH减小	②	有OH^-生成,pH增大
NaCl	$2Cl^--2e^-=Cl_2\uparrow$	——	②	有OH^-生成,pH增大
$CuSO_4$	④	有H^+生成,pH减小	$Cu^{2+}+2e^-=Cu$	——

　　化学反应特别是有机反应的机理非常复杂,建构模型,不仅可以理解某一具体反应,还可以认识同一类反应,甚至有助于某些特殊问题的解决。

　　5.实验装置模型

　　【模型建构】根据实验装置的功能与作用,搭建若干个实验装置模块。在完成系列实验或综合性实验时,根据功能需要选择相应的模块装置。

　　(1)洗气装置。

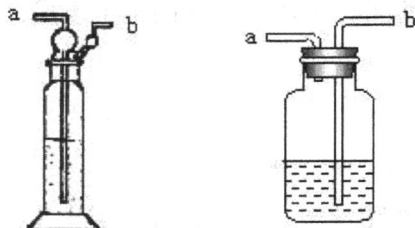

　　(2)化学反应装置。

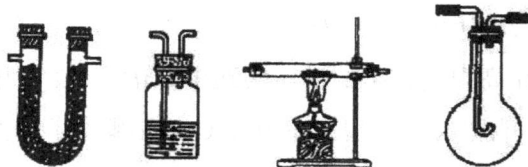

（3）集气装置。

【模型分析】中学化学实验装置，如果根据功能来划分，主要分为：气体发生装置、洗气装置、化学反应装置、集气装置、干燥装置、易溶气体溶解装置、余气处理装置、尾接装置、量气装置、防倒吸装置等。掌握了这些模块装置的功能，就可以解决系列实验或综合实验问题中的三个难题：一是装置的选择；二是各模块装置之间连接顺序或方向；三是各装置中所用药品的选择。

例1：水蒸气通过灼热的焦炭后，产出气体的主要成分是CO、H_2、CO_2和水蒸气等。请用下图中提供的仪器，选择必要的试剂，设计一个实验，证明上述混合气体中有CO和H_2。（加热装置和导管等在图中略去）

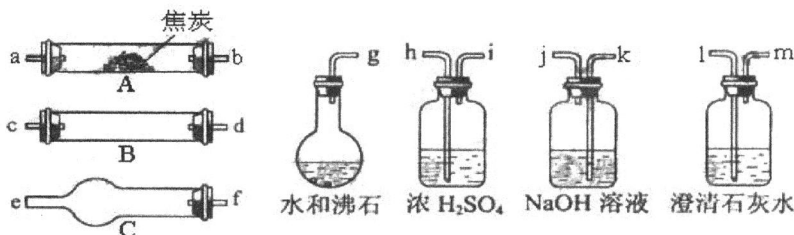

回答下列问题：

（1）盛浓H_2SO_4的装置用途是_____，盛NaOH溶液的装置用途是_____。

（2）仪器B中需加入试剂的名称（或化学式）是_____，所发生反应的化学方程式：_____。

（3）仪器C中需加入试剂的名称（或化学式）是_____，其目的是_____。

（4）按气流方向连接各仪器，用字母表示接口的连接顺序：g—a—b—_____。

解析：这一道高考题，要检验其中的CO和H_2，必须将其转化为CO_2和水蒸气，而原混合气中本身就存在CO_2和水蒸气，故在转化之前必须先除去且除净原混合气中的CO_2和水蒸气。对于已经建立了模块装置模型的考生来说，可以轻松答题，且不容易出差错。问题（1）实际上是在考查模块装置的功能，浓硫酸用于除去水蒸气，NaOH溶液用于除去CO_2，这两个净化装置必须放在转化（反应）装置之前，且盛NaOH溶液的装置还必须放在盛浓硫酸装置之前。问题（2），A装置是CO的转化（反应）装置，则B装置为H_2的转化（反应）装置，且A、B不存在先后问题，故B装置中盛放的是氧化铜。问题（3），不难看出C装置是检验水蒸气的，但要放在检验CO_2气体之前。问题（4），根据推理及装置功能，装置的顺序即可确定。

中学化学实验问题，除了实验装置建模，还有实验解题思路与方法的建模，如探究实验问题，物质的净化、提纯，甚至是物质的制备问题等，都需要按照一定的思路去解决，实际上这也是一种建模的思路。

6.化学理论模型

中学化学的基本理论比较抽象。由于认识方法上的缺陷，很多同学对某些结论知其然而不知其所以然，只能靠死记硬背来获得结论性知识。通过建模，不仅有助于学生知识的建构，还可以帮他们释疑解惑。

模型一：化学反应速率表示。

学习内容	汽车模型
同一化学反应的速率可用不同的反应物及生成物浓度变化速率（v_i）来表示，v_i不一定相同	同一汽车的行驶速率,分别可用前后车轮角速度（ω_i）表示,ω_i不一定相同
v_i大,表示的化学反应不一定快,与化学方程式中各物质化学计量数（γ_i）有关	ω_i大,汽车行驶速率不一定大,与车轮的半径（r_i）有关
同一化学反应,各反应物、生成物的化学计量数不一定相同,v_i会不同,但v_i与γ_i比值一定相同	同一汽车,各车轮的半径不一定相同,ω_i可能会不同,但ω_i与r_i的积一定相同

【模型建构】将化学反应速率的表示方法与汽车行驶快慢的表示方法相比较，建立模型。

【模型分析】中学化学阶段，化学反应速率是非常抽象的概念，也未给出学习要求，通常只要求用单位时间内反应物浓度的减少或生成物浓度的增加来表示，即同一化学反应的快慢，可以用各反应物、生成物浓度变化速率（v_i）来表示。马路上行驶的汽车，由于其参照物一直在变化，汽车也是难以确定其自身的速度大小，通常也只能用前后各轮的角速度（ω_i）大小表示。由于圆周运动属于高中物理必修2模块第一章的学习内容，也就是说化学必修2、选修4模块的化学反应速率内容都在圆周运动的学习之后，用圆周运动的相关概念来建构化学反应速率的表示方法，是一种非常好的学习策略。

例2：化学反应：2A（g）+B（g）$\rightleftharpoons$ 3C（g）+4D（g），下列用物质浓度变化表示的该化学反应速率中，其中反应速率最快的是（　　）

A.v（A）=0.5 mol·L^{-1}·s^{-1} 　　　　B.v（B）=0.3 mol·L^{-1}·s^{-1}

C.v（C）=0.8 mol·L^{-1}·s^{-1} 　　　　D.v（D）=1 mol·L^{-1}·s^{-1}

解析：解答这道题，必须明确两个问题。一是不能以数值大小看快慢，二是各数值之间联系必须在除以有关物质的化学计量数以后才能建立。基于此，A物质的化学计量数为2，A的浓度变化表示值除以2以后的数值为0.25，B的浓度变化表示值除以1以后的数值仍然为0.3，C的浓度变化表示值除以3以后的数值约为0.27，D的浓度变化表示值除以4以后的数值为0.25。不难看出，B表示的化学反应速率最快，A、D表示的化学反应速率相同。

模型二：构造原理通式及其应用。

【模型建构】构造原理通式：$ns(n-2)f(n-1)dnp$，其中n表示能层序数，s、p、d、f分别表示能级符号。

【模型分析】$ns(n-2)f(n-1)dnp$作为构造原理通式，可以解决很多理论问题，学习中可以完全告别对一些所谓的"规律"的记忆。

第一，有助于理解核外电子排布规律，即"四不超"原理。

（1）从下表不难推出初中阶段已经建立的结论，每个电子层（能层）所能容纳的电子数不超过$2n^2$个：

能层	K	L	M	N
能级	1s	2s2p	3s3p3d	4s4p4d4f

能层	K	L	M	N
原子轨道数	1	4	9	16
电子数	2	8	18	32

（2）由于最外层（n层）的电子排布为nsnp，全部排满为ns^2np^6，故可以推断出最外层电子数不超过8。

（3）由于次外层（$n-1$层）的电子排布为$(n-1)$s$(n-1)$p$(n-1)$d，全部排满为$(n-1)$s$^2(n-1)$p$^6(n-1)$d^{10}，故推断次外层电子数不超过18。

（4）由于倒数第三层（$n-2$层）的电子排布为$(n-2)$s$(n-2)$p$(n-2)$d$(n-2)$f，全部排满为$(n-2)$s$^2(n-2)$p$^6(n-2)$d$^{10}(n-2)$f^{14}，故倒数第三层电子数不超过32。

第二，当n从1至7代入通式中，可以导出构造原理式，解决了死记硬背容易出错的问题：

1s→2s→2p→3s→3p→4s→3d→4p→5s→4d→5p→6s→4f→5d→6p→7s→5f→6d→7p。

第三，与元素周期表建立了联系，不仅可以推出各周期元素价电子排布的通式，以及各周期所能容纳的元素数，而且也容易理解各周期元素原子最外层电子数从1至8的原因。

n	能级符号	对应周期	容纳元素	价电子排布	最外层电子排布	最外层电子
1	1s	一	2	1s^1 ~ 1s^2	1s^1 ~ 1s^2	1 ~ 2
2	2s2p	二	8	2s^1 ~ 2s^{2}2p^6	2s^1 ~ 2s^{2}2p^6	1 ~ 8
3	3s3p	三	8	3s^1 ~ 3s^{2}3p^6	3s^1 ~ 3s^{2}3p^6	1 ~ 8
4	4s3d4p	四	18	4s^1 ~ 4s^{2}3d^{10}4p^6	4s^1 ~ 4s^{2}4p^6	1 ~ 8
5	5s4d5p	五	18	…	5s^1 ~ 5s^{2}5p^6	1 ~ 8
6	6s4f5d6p	六	32	…	6s^1 ~ 6s^{2}6p^6	1 ~ 8
7	7s5f6d7p	七	32	…	7s^1 ~ 7s^{2}7p^6	1 ~ 8
8	8s6f…8p	八	50	…	…	1 ~ 8

中学化学的基本理论可通过模型建构有效化解难点，快速在有关原理的理解和问题的解决上找到突破。

总之，化学原理的理解需要建模，把化学原理用于实际解题更需要建模。同时，建模的过程也是一种非常积极的思维过程，更是一种对相关知识进行解析、巩固，使化学思维能力提高的过程。

浅谈化学学科项目式学习的项目设计

项目式学习是一种全新的学习方式。抽象地说，项目式学习就是在学习过程中围绕某个具体的活动项目，充分选择和利用最优化的学习资源，在实践体验、内化吸收、探索创新中自主获取较为完整和具体的知识，形成专门的学习技能，实现学业上不同于教师直接传授式的发展。具体地说，就是根据实际情况，把课程标准中所规定的一些学习内容设计成微型活动项目，让学生在完成这些活动项目的过程中，体验与感受知识的生成，训练与培育学习技能，总结与形成学习方法，收获与分享学习经验。显然，项目式学习的实施者与完成者是学生，而项目式学习活动的设计者与指导者则是教师。那么，什么是项目式学习，项目式学习有何特点，哪些知识的教学可以通过项目式学习来完成，化学学科的项目式学习活动如何设计，这些都是我们当前值得思考的问题。现从以下四个方面阐述。

一、项目式学习的理论概述

传统接受式教学中，学生往往对课堂上的教学活动、课程知识有着较高的期待，对知识的内在联系与实际应用缺乏思考，尤其是对知识的产生过程缺乏真实的体验。项目式学习，又称为专题式学习、基于小课题的学习，是有实践意义的、来自真实情境的主题学习，在精心设计学习任务、活动的基础上，经过一段时间开放性的学习，最终建构相关知识框架和提高自身能力的一种学习模式。

（一）项目式学习的特点

项目式学习是一种不同于传统学习方式的学习活动，有其显著的特点。

1.学习目标更明

项目式学习，就是通过与现实相结合的实践方式，让学生更有效率地掌握学科核心知识，并在此过程中培养学生的社会情感与生活技能，改变了传统学习方式中学习目标比较单一的情况。

2.学习方式更优

项目式学习是一种不同于传统教授式学习的学习过程。其强调以学习者为主体，在项目实施过程中，学生角色由被动的知识接受者变为主动的知识建构者，教师作为项目实施中的合作者和指导者参与项目，学习者的主体性和自主性能够得到充分发挥，让学习者感受到知识的产生过程，学习者不仅在学习过程中获取了应有的知识，而且更能有效提高学生解决问题的能力，学习方式也更优。

3.学习过程更真

项目式学习，是基于真实情境的学习，在"做中学"，在活动中学，知识的产生过程真实自然，知识内容自然建构，能力培养伴随知识的产生过程。学生既可以在课堂上学，在知识的海洋中学，又可以在活动及任务的完成过程中学，还可以在大自然中学。

（二）项目式学习与其他方式学习的区别

从项目式学习的定义来看，项目式学习与高中所要求的研究性学习，以及陶行知先生所倡导的"做中学"，可以说一脉相承，存在着必然联系。

研究性学习是学生在教师指导下，以类似科学研究的方式主动学习，在掌握知识内容的同时，让学生体验、理解和应用探究问题的方法，培养学生创新精神和实践能力。所以，研究性学习既是一种学习方式，也是一种课程形式，还是一种学习活动。

陶行知在他的生活教育理论中大力倡导"做中学"，既体现了建构主义思想，诞生了探究主义的萌芽，又在学习方式上与项目式学习有相通之处。

基于以上分析不难发现，项目式学习、研究性学习和"做中学"在课程修习性质、课程载体、学习时间和学习内容上存在一定的区别，也有着一定的联系。

学习方式	项目式学习	研究性学习	"做中学"
课程修习性质	选修与必修	必修	兼修
课程载体	项目活动或任务	课题	劳动或生活实践
学习时间	课内为主	课外为主	课堂内外结合
学习内容	以学科内容为主	以课外内容为主	以学习与生活内容为主
相互联系	"做中学"、研究性学习、项目式学习都是基于行动和实践的学习。在某些内容的学习中，三种学习方式的学习目标与形式具有一致性。基于项目的学习是开展研究性学习的主要学习模式之一，课题即项目。项目式学习需要在做中落实，任务需要在做中完成		

二、项目设计的实践要求

项目式学习的关键在于项目任务或活动设计。设计一个充分展现学习过程和有效实现学习目标的项目式学习方案是项目式学习有效性的关键所在。因此，在设计项目式学习方案时，不仅要树立一定的理念，遵循一定的原则，而且还要满足一定的设计规范和要素要求。

（一）项目设计的基本原则

项目式学习的开展，不是随心所欲的。在知识内容的选择、项目问题的设置以及项目活动或任务类型的设计上都要遵循一定的原则。

1.因知相宜原则

就中学所开设的课程来看，并不是所有的学科都可以通过项目式学习来获取知识。虽然有些学科知识可以通过项目活动来获取，但项目式学习不一定是学习相应知识的最佳方式。因此，课程教学中选择何种教学方法，必须根据知识内容做出科学的选择。

2.因地制宜原则

各地或各校的办学条件有所不同，教师的教育教学水平存在差异，不同的教师驾驭项目式学习的能力也有明显的不同。即使是同一知识内容，对于不同地域的学生来说，项目式学习的效果也会有一定的差别。因此，项目式学习不能一刀切，也不能盲目跟风，必须因地制宜。

3.因人而宜原则

尽管有些知识内容适合用项目式学习，但所设计的项目活动不一定适合每一位同学。因此，对于同一知识内容，可以根据学生差异，设计出不同的活动项目或任务形式，供学生在教师的指导下做出自己的选择。

（二）项目设计的基本理念

项目式学习的项目质量和科学性是项目式学习的"生命"，项目方案是项目式学习的"作战图"，也是项目活动的"路线图"。项目活动既要准确体现其知识学习的载体价值，又要充分体现其能力提升的辅助价值。因此，项目式学习的项目设计要体现以下四个理念。

1."做中学"理念

所有的项目活动，要树立"做中学"的理念，即每个项目都要设法让学生做相对完整的一件事，或者让项目式学习设计在一个相对完整的"做"的情境中进行。

2.新课程理念

每个项目方案的设计都要树立新课程理念，要充分体现自主学习、合作学习、探究学习等的相关要求，具体的项目实施要与新一轮课程改革模式下的课堂教学流程、环节相匹配。

3.科学性评价理念

渗透在学习过程之中教学评价，有其无可替代的价值，也会引领项目式学习更加生动和多元化。因此，科学的评价既要做到终结性评价和过程性评价相结合，主观性评价与客观性评价相结合，自评与互评相结合，还要做到定性评价与定量评价相结合，并在此基础上制定科学性的评价量表及测量法则。

4.整体化理念

整体化理念包括：一是学习环节的完整性，要从学习目标、问题提出、任务分解、小组合作到活动实施、成果展示、学习评价等，以一个整体来设计，充分体现活动方案的完整性；二是学习目标的综合性，项目方案在设计时，既要有明确的显性知识内容学习要求，还要有能力提升及情感体验的考量；三是个体参与的全程性，所设计的项目活动方案中，要充分体现全体学生经历任务完成的全程性和参与活动的完整性。

（三）项目设计的要素要求

从实践层面上讲，为了保证项目式学习的效果，体现教师备课的方向性和目的性，一个相对完整的项目式学习方案，不可能是临时生成的，而是围绕课程学习目标预设好的。具体来说所设计的项目式学习方案要体现以下几个要素。

1.项目目标

项目目标也称学习目标，即通过活动或任务的完成，学生在知识建构、能力形成，以及情感体验等方面取得收获。显然，合理设定学习目标是项目学习的灵魂，不仅要设定知识目标，还要预设能力目标和情感体验目标。

2.驱动性问题（任务）

在确定项目目标之后，项目式学习方案要把抽象的项目目标转化为具体的驱动性问题（任务），激发学生的求知欲。

3.活动方案

活动方案也称项目式学习的实施方案。设计项目式学习方案时，必须认真围绕所要解决的问题或所要完成的任务，根据任务类型设计活动步骤，设计活动方案时要体现步骤的灵活性，实施过程中还要给予学生一定的自主性学习机会。

4.资源应用

在设计项目式学习方案时，一定要围绕主题的开展和任务的完成，提供一些相关的情境性资源、素材性资源、工具性资源，并指导学生在完成任务或开展活动过程中加以应用。

5.交流与展示

不同学习小组或学习个体之间要围绕项目目标达成情况进行交流与展示，这是互相学习与借鉴，共享学习资源的重要途径，也是项目式学习的一个重要特点。在项目设计时，必须对交流方式与展示方法提出建议和要求。

6.项目评价

在项目式学习过程中，学习者所担任的角色或承担的任务有所不同，不仅要设计个性化的过程性评价和综合精准的终结性评价相结合的评价方式，而且还要提出评价结果的应用范围和应用方法等。

三、化学学科项目式学习的主要内容

化学学科有着明显的不同于其他学科的属性，这决定了化学学科的项目式学习更具有广泛性，也更切合学生化学学习的实际。实践证明，凡是涉及环境化学、实验化学、生活化学、社会化学等基础性化学知识，都可以通过合适的项目式学习方法学习。因此，能利用项目式学习的化学学科内容非常广泛。

（一）实验性化学知识

在化学学习的启蒙阶段，很多实验性化学知识都可以设计成项目式学习的形式来学习，不仅有利于知识的掌握，而且可以让学生在项目任务完成过程中感受化学学科以及化学知识的发现过程，在接受知识的过程中获得更多的体验。

（二）生活性化学知识

物质的丰富多样成就了生活的绚丽多彩。化学学科与生活有着密不可分的关系，我们的衣食住行处处离不开化学，化学研究的很多现象或对象都与我们的生活密切相关。因此,凡是课本中涉及的与生活有关的化学知识,都可以结合实际生活原型和场景设计相应的项目任务,让学生在学习中体验生活,感受生活的乐趣,培养生活中的安全意识。

(三)社会性化学知识

化学学科所涉及的知识内容与一些社会现象有关,如环境污染问题、环境消毒问题、水资源保护问题、矿物利用问题、生态治理问题、废旧物质回收利用问题等。因此,化学课本中所涉及的很多知识内容,教师都可以结合社会热点问题设计一些项目任务,让学生在获取知识的过程中,提升学习能力,尤其是通过活动的开展、任务的完成,不断增强学生的社会责任感,强化化学服务社会、造福人类的责任意识。

(四)基础性化学知识

化学是一门分支繁多、门类齐全的自然科学,也是原子物理学、生命科学、医学、大气科学等前沿学科的基础性学科,还是推动社会发展、文明进步的前沿科学。因此,凡是涉及学科交叉、学科应用和学科基础性的化学知识,都可以通过项目式活动来强化学习效果,以此建立学科间联系的感性认识,感知化学的学科价值。

四、项目设计的基本思路

化学学科项目式学习的项目设计,既要遵循项目式学习的任务或活动设计的一般性原则、设计规范、资源条件与活动要求,还要充分体现化学学科的学科特点和教学特点。下面简要介绍四类常见的项目式学习活动或任务设计的基本思路。

(一)实验探究类

实验探究类项目式学习是指以实验探究的形式实施的项目式学习,通过实验探究完成项目任务。简单地讲,实验探究的过程,即是项目式学习的过程。显然,实验探究类项目式学习具有项目式学习及实验探究的双重特征。

这一类项目式学习，就是将所要完成的学习任务，设计成一个完整的实验探究过程，随着实验的完成，学生收获知识，提升能力，尤其是获得参与项目活动的情感体验。

（二）文献检索类

文献检索类项目式学习是指围绕学习目标将待解决的问题，设计成通过文献检索获取问题解决办法，并获得新知识的形式。即通过文献检索，让学生获取知识，解决问题，提高能力，并学会学习。在项目设计时，既要把学习目标任务设计放在核心地位，让搜索引擎成为学习的重要工具，又要在检索工具和检索方法运用方面提出能力要求。这是一种比较普遍的项目式学习类型，各类化学知识的学习都可以设计成这种方式。

（三）课题研究类

课题研究类项目式学习是指对学生在学习化学的过程中需要解决的各类问题，进行整理归类，设计成一个个小课题或微小课题，即小项目或微项目，让学生在教师的指导下围绕学习目标开展课题研究，完成学习任务。这是一种综合类的项目式学习形式，项目设计时不对学习个体进行限制，不对研究思路方法提出要求，也不对课题研究过程中的资源利用给出建议，更多的是关注课题研究的成果。

（四）课外活动类

课外活动类项目式学习，就是将事关社会性问题的化学知识，包括学生身边真实的化学科学议题等，设计成课外活动类项目式学习的形式。顾名思义，课外活动类项目式学习是在课外完成的，通常以开展活动、社会调查、社会实践、研究性学习等形式进行，既具有传统性，又与高中课程改革的新理念接轨。项目设计时，既要充分体现化学学科价值，也要体现活动的多样性，还要着眼于学生多方面能力的培养。当然，课外活动类项目式学习设计也要综合考量活动的条件许可、安全保障等。

谈氧化还原反应的有效教学

氧化还原反应是中学化学最为重要的基本概念之一，从初中化学建立氧化还原反应的得氧失氧观点开始，氧化还原反应概念及其应用就伴随着中学生学习化学的全过程。一方面，氧化还原反应概念及规律是人们认识许许多多化学反应本质及反应途径和过程的重要手段；另一方面，氧化还原反应有关内容也是高考化学的热点、重点，尤其是氧化还原反应方程式的书写多次出现在高考化学试题中。氧化还原反应的教学，一直是教学研究的热点、重点，但研究氧化还原反应教学的焦点多集中于氧化还原反应的常规教学，对氧化还原反应教学的有效性研究不够。

有效教学强调课堂教学应更加关注学生，关注学生学习方式的转变，突出学生的自主学习、合作学习与探究学习，从备课开始到课堂教学的全过程，都要关注课堂教学的有效性，关注课堂教学的效率，关注学生知识建构方式，关注学生的学习过程。

笔者在教学实践中对氧化还原反应教学的有效性进行了探索，如何在有限时间内让学生熟练掌握氧化还原反应的概念，快速有效地分析有关反应中的氧化还原反应关系，灵活运用氧化还原反应的有关规律解决实际问题，是笔者开展氧化还原反应有效教学实践所取得的一些经验，现从以下三个方面加以论述。

一、经验建构，快速更新氧化还原反应的有关概念

氧化还原反应，对进入高中阶段学习的学生来说，应该不是一个陌生的概念。他们已经建立了得氧、失氧与氧化、还原反应的联系，即元素失氧被还原，元素得氧被氧化，含有氧且在反应中失去氧的物质为氧化剂，不含氧且在化学反应中得到氧的物质为还原剂。由于很多氧化还原反应并没有氧原子的得失，用这种得氧、失氧的观点研究氧化还原反应过程，判断氧化还原反应关系，明显具有局限性。因此，进入高中阶段学习的中学生，一个非常重要的任务就是要用化合价升降的观点对基于得氧、失氧观所建立的氧化还原反应概念进行快速更新，以适应新的学习需要。

如何帮助学生快速更新有关氧化还原反应的概念，还涉及教学的有效性问题。具体来说就是如何运用学生已经建立的有关氧化还原反应的概念和已经积累的学习有关氧化还原反应的经验，快速运用化合价升降的观点来建立新的氧化还原反应概念体系。实际教学中不妨做这样的尝试，就是用学生曾经用来建立氧化还原反应概念的化学方程式，用学生已经熟悉的化学方程式中发生氧化还原反应的元素，根据有关元素化合价的变化特征，来重新建立新的氧化还原反应观。实际教学中，可以这样安排：

第1步，让学生写出氢气还原氧化铜的化学方程式：$CuO+H_2 \xrightarrow{\triangle} Cu+H_2O$。

第2步，与学生共同分析该化学方程式中得氧、失氧情况，由此判断发生氧化还原反应的元素、氧化剂与还原剂，并得出结论：铜元素失氧被还原，氢元素得氧被氧化，CuO 为氧化剂，H_2 为还原剂。

第3步，通过设问，引发学生的探究动机，与学生共同分析该化学方程式中元素化合价变化情况，设法让学生把化合价变化情况与已经得出的被氧化与被还原的过程和发生的氧化与还原反应的结论建立联系。即被还原的铜元素化合价降低，被氧化的氢元素化合价升高，氧化剂 CuO 中铜元素的化合价降低，还原剂 H_2 中氢元素的化合价升高，再进一步分析元素化合价发生变

化的本质原因是电子的得失或电子对的偏移。

这样，教学中就顺利地实现了学生从得氧、失氧的观点向化合价升降的观点过渡，即用学生已经明确的发生氧化与还原反应的有关元素和具有氧化性与还原性的物质，通过分析其中的元素化合价变化，让学生找到化合价变化特征与氧化反应、还原反应、氧化剂与还原剂概念间的联系，完成概念更新的过程。

显然，通过充分运用学生旧有经验建立新的氧化还原反应观的这种教学处理方法，不仅充分运用了已经建立的有关概念、相关知识，而且非常自然而快速地更新了这些重要的概念，教学过程一气呵成，概念建立的过程简洁，学生的学习效率大为提高。

二、简化处理，准确进行氧化还原反应的关系判断

氧化还原反应学习的最大难点就是氧化还原反应的关系判断问题，即学生面对一个陌生的氧化还原反应情境，如何能够快捷、有效、准确地判断出氧化剂、还原剂、氧化性、还原性、氧化反应、还原反应等。由于很多教师在教学中并没有真正意义上让氧化还原反应的标志，即元素化合价变化与元素的氧化与还原反应建立直接、快速的联系，从而影响了氧化还原反应的教学效果，很多学生甚至是高三学生在面对全新的氧化还原反应时，仍然不能对氧化还原反应的关系做出准确、快速判断。因此，有效的氧化还原反应教学，不仅要让学生明确氧化还原反应的每一组基本概念，更为重要的是要让学生建立稳固的物质的氧化性与还原性、氧化剂与还原剂、氧化产物与还原产物、氧化反应（还原反应）与元素化合价升降之间的联系。

我们通过长期的教学实践发现，让学生准确、有效、快捷地对化学反应中氧化还原反应的关系进行判断，并不是一件复杂的教学工作，只需要对有关教学内容进行简约化处理，就可以实现预定的教学目标。

（一）记住 2 个短语——建立氧化还原反应概念间模式化联系

所谓建立氧化还原反应概念间模式化联系，就是将元素的氧化与还原反

应、氧化剂与还原剂、氧化产物与还原产物等概念及元素被氧化及被还原的过程跟元素的化合价变化与电子得失的过程发生更直接、更直观、更便捷的联系，变成一个"固化"了的模式，在确定元素化合价变化情况后，能快速对氧化还原反应关系做出正确反应和判断。教学中需要学生记住的2个短语是：

（1）升失氧——还，即元素化合价"升"高，"失"去电子，元素被"氧"化，发生氧化反应，相应的物质为"还"原剂；

（2）降得还——氧，即元素化合价"降"低，"得"到电子，元素被"还"原，发生还原反应，相应的物质为"氧"化剂。

对于这2个短语，可以要求学生像记住2位同学名字一样去记住它们，并建立"条件反射"效应，只要能对元素化合价变化情况做出正确判断，所有的氧化还原反应关系即能快速地"反射"出来。

（二）会说2句话——准确把握氧化还原反应有关概念的内涵

在学生记住2个短语以后，还需要对2个短语的具体内涵进行深挖，使学生建立的氧化还原理论知识体系更加丰富。要求学生会说的2句话是：

（1）氧化剂，具有氧化性，具有氧化能力，在化学反应中被还原，发生还原反应，变成还原产物；

（2）还原剂，具有还原性，具有还原能力，在化学反应中被氧化，发生氧化反应，变成氧化产物。

不难看出，这2句具有相同句式结构的话本身并不复杂，说起来也非常顺口，会说这2句话，即可对氧化还原反应的内涵有一个全面而深刻的把握，在解决具体的问题时就会有一个正确的反应。

（三）会用2个工具——直观地表示氧化还原反应发生的过程

用图示的方法表示氧化还原反应发生的过程，十分直观、高效。高中化学课程标准教科书中所列的表示氧化还原反应发生过程的方法仍然是传统的双线桥法和单线桥法。教学中让学生学会规范、正确地使用这2种工具，可以更直观地认识氧化还原反应发生的过程。

1.双线桥法

关于双线桥法表示氧化还原反应过程的教学,可以让学生先记住一段顺口溜:

双线桥,跨两边,

表示氧化和还原;

上线表示升失氧,

下线表示降得还。

随后,教师可以一边解释顺口溜,一边用典型的化学方程式进行示范。需要说明的是教师在向学生说明这段顺口溜的过程中,必须强调两点:①双线桥有方向性,从反应物指向生成物的同一元素,即从氧化剂指向还原产物,从还原剂指向氧化产物;②桥上所写内容为元素化合价变化、电子得失总数及发生氧化和还原反应情况,用"+"表示得电子,用"-"表示失电子,还需要说明氧化剂与还原剂不在桥上表示。这里需要注意的是双线桥的上、下线到底表示被氧化的过程还是被还原的过程,并没有严格的规定,但这样要求可以有助于初学者逐步形成规范。

2.单线桥法

单线桥法表示氧化还原反应,并不需要作为专门的教学内容来安排,只需要在双线桥法表示的氧化还原反应方程式上,将双线桥改为单线桥即可。当然,在用单线桥法表示氧化还原反应的过程时也需要强调两点:单线桥也有方向性,从还原剂指向氧化剂;单线桥上只需要标明转移的电子总数。

三、科学探究,总结发现氧化还原反应的有关规律

氧化还原反应教学,不仅要帮助学生理解氧化还原反应的有关概念,还要帮助学生进行氧化还原反应规律的发现与总结。氧化还原反应规律很多,如果在教学过程中直接向学生灌输有关规律,不仅教学效率低,而且由于脱离实际,学生学习和应用起来困难较大,如果教师让学生采取积极探究的方法来建构有关知识,总结与发现氧化还原反应有关规律,教学效率高。因此,氧化还原反应规律的有效教学,就是要在教师的引导下,通过教师提供

的有关素材，由学生自主探究来概括、总结出有关规律，最终加以应用。不难看出，氧化还原反应规律教学的关键是探究素材的准备，教师在课堂教学中必须提供切合实际的、有价值的活动探究素材，并引导学生积极探究、发现规律，并从这些素材的分析与比较中找到氧化还原反应规律的应用价值与应用途径。现简单举例如下：

素材1：用双线桥法分析下列化学反应，探究其中的规律。

（1）$SO_2+2H_2S=2H_2O+3S\downarrow$；

（2）$6NO_2+8NH_3=7N_2+12H_2O$；

（3）$KClO_3+6HCl=KCl+3Cl_2\uparrow+3H_2O$。

探究结论：归中规律，即不同价态的同种元素的化合物起反应，生成物中该元素处于中间价态，这就是归中规律。对非金属元素来说，正价元素化合物与负价元素化合物起反应可以通过归中反应分析。

素材2：根据下列氧化还原反应，比较①Cl_2、Br_2、I_2氧化性强弱；②I^-、Br^-、Cl^-还原性强弱。

（1）$2KBr+Cl_2=2KCl+Br_2$；

（2）$Br_2+2KI=I_2+2KBr$。

探究结论："强制弱"规律及"逆反"规律，即同一氧化还原反应中，氧化剂的氧化性强于氧化产物，还原剂的还原性强于还原产物，即强氧化剂+强还原剂→弱氧化性产物+弱还原性产物。同时，氧化剂氧化性越强，其还原产物的还原性就越弱。

素材3：下列物质中哪些元素只有氧化性？哪些元素只有还原性？哪些元素既有氧化性又有还原性？

（1）Cl_2、I_2；

（2）I^-、Cl^-；

（3）Fe、Fe^{2+}、Fe^{3+}；

（4）H_2S、SO_2。

探究结论：元素的氧化性与还原性是由元素的价态决定的。元素处于最低价态，只有还原性；元素处于最高价态，只有氧化性；元素处于中间价态，既有氧化性，又有还原性。

素材4：完成下列氧化还原反应的配平。

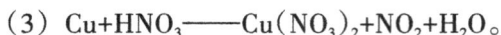

（1）$NH_3 + Cl_2 \longrightarrow NH_4Cl + N_2$；

（2）$HCl + MnO_2 \longrightarrow MnCl_2 + H_2O + Cl_2$；

（3）$Cu + HNO_3 \longrightarrow Cu(NO_3)_2 + NO_2 + H_2O$。

探究结论：得失电子守恒规律，即在氧化还原反应的发生过程中，氧化剂所得电子完全来自还原剂所失的电子，即氧化剂得电子总数等于还原剂失电子总数。这是任何氧化还原反应都遵循的一个规律，也是氧化还原反应方程式配平及有关氧化还原反应计算的重要依据。

氧化还原反应还有很多规律，但基本上都可以通过教师提供素材，学生通过分析、比较、发现和探究来自主总结，并加以应用。

硫元素及其化合物性质的教学

《普通高中化学课程标准（实验）》在模块1的主题3"常见无机物及其应用"中提出了"通过实验了解氯、氮、硫、硅等非金属及其重要化合物的主要性质"的内容要求。人教版《普通高中化学课程标准（实验）》教科书分别以硫的氧化物、硫酸为课题，安排了具体的教学内容。

我们知道，硫元素及其化合物绝大多数的性质，都涉及元素化合价的变化，都能作为体现氧化还原反应规律的直接例证。因此，硫元素及其化合物性质教学最为有效的策略就是从氧化还原反应规律的应用角度去理解与认识硫元素及其化合物的性质。另外，物质的化学性质主要是从三个方面来体现的：一是由元素化合价态所决定的氧化性与还原性；二是物质本身所具有的酸性或碱性；三是有关物质所具有的特性。现从以上观点出发，从实践的角度谈一谈硫元素及其化合物性质的教学。

一、关于-2价硫性质的教学

H_2S、Na_2S等硫化物中硫元素的化合价为最低价，最低价硫元素所表现出的性质主要是它的还原性，即与氧化剂发生硫元素化合价升高的反应。教

◇145

学中需要强化的是两种意识：一是氧化剂的选择意识，即哪些氧化剂可以将
-2价硫元素氧化，氧化到什么程度？同时也必须让学生明确，所选择的氧化
剂的氧化性必须强于-2价硫元素的氧化产物；（2）二是化合价变化的规律
意识，即物质中元素的价态与元素性质是何种关系？如何体现？还需要让学
生明确的是-2价硫元素被氧化后的最终价态与氧化剂的氧化性强弱的关系，
即氧化剂氧化性越强，-2价硫元素的化合价变化越大。不难看出，教学中需
要让学生认识的-2价硫元素的主要性质有：（1）水溶液的酸性、氧化性，
主要是H_2S电离后产生的H^+所表现的性质；（2）强还原性，如H_2S与Cl_2、
SO_2、O_2、Fe^{3+}等物质的反应，Na_2S与S、Cl_2、O_2等物质的反应；（3）与某些
难溶硫化物性质有关的性质，如H_2S与$CuSO_4$、$(CH_3COO)_2Pb$等溶液的反应。

当然，教学中在强化-2价硫元素化合价只能升高的意识时，还要防止学
生产生极端理解。如，总有一些同学认为H_2S只有还原性。

二、关于硫单质性质的教学

单质中硫元素的化合价为0价，属硫元素的中间价态，根据氧化还原反
应规律可知，单质硫既有氧化性，又有还原性质，教学中可以从三个角度引
导学生认识硫单质的性质。（1）硫单质的氧化性。硫在一定条件下可以将大
多数金属氧化。如，可以与Fe、Cu、Ag等反应，还可以在加热条件下与氢
气、炭等物质反应。当然，还必须强调单质硫的氧化性较弱，与变价金属起
反应时，只能将变价金属氧化成低价态化合物。如，S与Fe、Cu在加热条件
反应，只能生成FeS、Cu_2S等。（2）硫单质的还原性。硫可以被Cl_2、O_2等非
金属单质氧化，还可以被浓硫酸、浓硝酸等强氧化剂氧化，需要强调的是硫
单质的氧化产物往往是+4价化合物。（3）硫单质的自身氧化与还原反应。
如，硫与强碱的反应，$3S+6NaOH=2Na_2S+Na_2SO_3+3H_2O$，在此反应中，S同时
表现氧化与还原双重性质。

三、关于二氧化硫性质的教学

二氧化硫及亚硫酸、亚硫酸盐中硫元素均为+4价，也属于硫元素的中间

价态，元素化合价既可以升高，又可以降低，与 0 价硫所不同的是 +4 价硫的化合价不能同时升高与降低。二氧化硫除了表现出氧化与还原有关性质以外，二氧化硫本身为酸性氧化物，也可以表现酸性氧化物的性质。

（一）二氧化硫的氧化性

二氧化硫虽然具有氧化性，但在教学中需要强调的是以二氧化硫为代表的 +4 价硫元素只能将 −2 价硫元素氧化。教学中可以结合以下反应案例，向学生介绍以下化学学科思想：①守恒思想，即得与失的电子总数是相等的，反应过程中同种原子是守恒的，反应前后体系的总电荷数是不发生变化的；②归中思想，即非金属元素的正价与负价化合物在一定条件下可以发生生成非金属单质的反应，这是绝大多数非金属的通性；③有条件发生的思想，即含氧氧化剂发生离子反应时需要 H^+ 将氧化剂中的氧元素结合生成水，以利于元素化合价的降低。关于 +4 价硫元素的氧化性，教科书及教辅中往往只给出硫化氢与二氧化硫气体之间的反应：$2H_2S+SO_2=3S\downarrow+2H_2O$，事实上这里所表述的是 −2 价硫与 +4 价硫之间所发生的一类反应。因此，教学中还必须从 +4 价硫元素与 −2 价硫元素不同表现形式的角度，引导学生明确以下 7 种主要反应方式，并建构起相应的反应模型。

（1）二氧化硫气体与硫化氢水溶液之间的反应：$2H_2S+SO_2=3S\downarrow+2H_2O$。

（2）二氧化硫水溶液与硫化氢气体之间的反应：$2H_2S+H_2SO_3=3S\downarrow+3H_2O$。

（3）二氧化硫水溶液与硫化氢水溶液之间的反应：$2H_2S+H_2SO_3=3S\downarrow+3H_2O$。

（4）S^{2-} 与 SO_3^{2-} 在酸性条件下发生的反应：$2S^{2-}+SO_3^{2-}+6H^+=3S\downarrow+3H_2O$。

（5）HS^- 与 SO_3^{2-} 在酸性条件下发生的反应：$2HS^-+SO_3^{2-}+4H^+=3S\downarrow+3H_2O$。

（6）S^{2-} 与 HSO_3^- 在酸性条件下发生的反应：$2S^{2-}+HSO_3^-+5H^+=3S\downarrow+3H_2O$。

（7）HS^- 与 HSO_3^- 在酸性条件下发生的反应：$2HS^-+HSO_3^-+3H^+=3S\downarrow+3H_2O$。

（二）二氧化硫的还原性

从化合价分析可见，+4 价硫具有还原性，但还应该通过典型反应案例让学生明确二氧化硫的性质以还原性为主，可以被多种氧化剂氧化，且二氧化硫的水溶液或亚硫酸盐的还原性更强。以二氧化硫为代表的 +4 价硫元素发生

氧化反应的主要案例有:

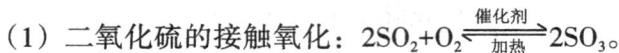

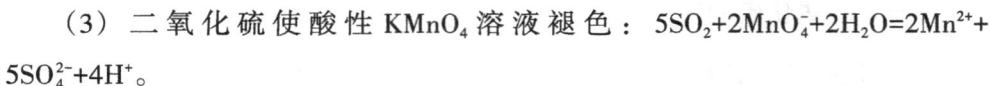

(1) 二氧化硫的接触氧化: $2SO_2+O_2 \underset{\text{加热}}{\overset{\text{催化剂}}{\rightleftharpoons}} 2SO_3$。

(2) 二氧化硫使溴水褪色: $SO_2+Br_2+2H_2O=H_2SO_4+2HBr$。

(3) 二氧化硫使酸性 $KMnO_4$ 溶液褪色: $5SO_2+2MnO_4^-+2H_2O=2Mn^{2+}+5SO_4^{2-}+4H^+$。

(4) Na_2SO_3 在空气中变质: $2Na_2SO_3+O_2=2Na_2SO_4$。

在以下让学生感兴趣的典型反应案例中,都是利用了二氧化硫的还原性。

1.检验 SO_4^{2-} 时 SO_3^{2-} 可能的干扰

教科书中在归纳 SO_4^{2-} 检验方法时,往往概括为"先用盐酸酸化,再加入 $BaCl_2$ 溶液",并没有说明为什么?事实上,如果将"盐酸酸化"改为"硝酸酸化"或"先加入 $Ba(NO_3)_2$,再加入盐酸或硝酸",都会出现 SO_3^{2-} 的干扰情况,因为在这些情况下,SO_3^{2-} 会转化为 SO_4^{2-},$BaSO_3$ 会转化为 $BaSO_4$,给实验结果带来不确定性。

2.检验 SO_2 的存在

检验 SO_2 的存在有多种方法,但结果往往都不具有唯一性。如,将某种气体使溴水或酸性 $KMnO_4$ 溶液褪色作为确定二氧化硫存在的依据,会有烯烃或炔烃等气体的干扰。但如果将使 $BaCl_2$、$FeCl_3$ 混合溶液产生白色沉淀作为判断 SO_2 气体存在的依据的话,结果就比较可靠。如果从反应容量角度来考虑,这种混合溶液也不失为一种吸收 SO_2 气体或处理含 SO_2 尾气的理想试剂。

3.向 $Ba(NO_3)_2$ 溶液中通入 SO_2 有沉淀产生

以下问题对帮助学生认识有关问题很有意义:向氯化钡溶液中通入 CO_2、SO_2,有沉淀产生吗?向 $FeCl_2$ 溶液中通入 H_2S 气体,有沉淀产生吗?向 $Ba(NO_3)_2$ 溶液中通入 SO_2,有沉淀产生吗?这些问题不仅可以帮助学生理解 CO_2、SO_2 通入 $BaCl_2$ 溶液,H_2S 通入 $FeCl_2$ 溶液为什么没有沉淀产生的问题,而且也能进一步认识+4价硫元素的还原性,即往硝酸钡溶液中通入 SO_2,会产生 $BaSO_4$ 沉淀。

（三）二氧化硫的酸性

二氧化硫作为酸性氧化物，可以表现出酸性氧化物的性质，这是必须让学生明确的，如可以与碱溶液反应，可以与碱性氧化物反应等。但关于二氧化硫与碱溶液的反应，由于二氧化硫和二氧化碳在与石灰水反应时有着相同的反应历程，因此，有这样一个问题非常有必要让学生去探究，即如何检验含有二氧化硫的二氧化碳？这个探究问题可以在进行浓硫酸与非金属反应的教学过程中设计：如何验证木炭与浓硫酸在加热条件下反应的产物？让学生在探究中明确，当二氧化硫与二氧化碳同时存在时，必须：（1）先检验二氧化硫的存在，用品红溶液，根据品红溶液褪色现象说明其存在；（2）再用酸性 $KMnO_4$ 溶液除去二氧化硫；（3）用品红溶液检验二氧化硫是否除尽，根据品红溶液不褪色现象说明其已经完全除去；（4）最后检验二氧化碳，根据澄清石灰水变浑浊现象说明二氧化碳的存在。

（四）二氧化硫的漂白性

二氧化硫的漂白性是二氧化硫所表现出的特殊性质，教学中需要引导学生认识二氧化硫漂白的特殊性，即漂白的不稳定性和选择性。二氧化硫的漂白效果很不稳定，容易恢复原有的颜色，同时二氧化硫并不能使所有的有色物质褪色，如二氧化硫不能使石蕊溶液褪色。另外，在进行二氧化硫漂白性教学时，还应该将漂白原理与氯气、过氧化钠的漂白原理加以对比，以加深对有关问题的理解。

四、关于浓硫酸性质的教学

浓硫酸具有脱水性、吸水性、氧化性等特殊性质，教学中往往有两大难点，一是浓硫酸脱水性与吸水性的区别，二是对浓硫酸强氧化性的理解。浓硫酸强氧化性之所以为难点，是因为在学生既有的稀硫酸性质知识的基础上建构浓硫酸的强氧化性知识有一定的困难。教学中如何突破这些难点，很值得研究，建议从以下四个方面寻找突破口。

（一）浓硫酸的脱水性与吸水性比较

只要选择了典型的案例,如让学生明确浓硫酸在使胆矾由蓝色变为白色过程中起吸水作用,就不难理解浓硫酸的脱水性与吸水性的区别,即浓硫酸的脱水性是将有机物中的氢、氧元素"脱"成水,而吸水性则是"吸收"物质中现成的水分子。另外,教师还需要引导学生认识浓硫酸脱水性的表现形式是多种多样的,"炭化"只是其表现形式之一。

（二）浓硫酸与稀硫酸氧化性的比较

教学中首先需要对浓硫酸与稀硫酸都具有的氧化性进行辨析,即浓硫酸的氧化性是+6价硫元素所表现,而稀硫酸的氧化性则是H^+所表现,浓硫酸+6价硫元素氧化性很强,这种氧化难以在稀硫酸及硫酸盐中表现。

（三）浓硫酸与铜、铁、铝反应

浓硫酸与金属的反应情况相当复杂,除了按《普通高中化学课程标准（实验）》要求和教科书安排进行教学以外,还需要让学生明确以下问题。

1.浓硫酸与足量的铜在加热条件下的反应历程问题

随着反应的进行,硫酸的浓度会变小,H_2SO_4与Cu的反应最终会因为硫酸变稀而停止。教学中可以用一道高考题来引导学生发现问题:足量的铜与50 mL 18 mol/L硫酸在加热条件下反应,反应停止后,被还原的H_2SO_4的物质的量为（　　）

A.0.45 mol　　　B.0.45 ~ 0.9 mol　　　C.0.9 mol　　　D.<0.45 mol

2.浓硫酸与铁、铝发生钝化的本质问题

铁、铝可以溶解在稀硫酸中,但在常温下可以用铁、铝制容器盛放浓硫酸,这种情况往往会被误认为常温下铁、铝不与浓硫酸反应,其实这正是浓硫酸具有强氧化性的表现,这一点必须向学生强调。

（四）浓硫酸与硫化氢的反应

浓硫酸不能用来干燥硫化氢是大家都知道的事实,而且都知道这与浓硫酸的强氧化性和硫化氢的强还原性有关,但浓硫酸与硫化氢反应的历程如何，教学中往往会被忽视。其实，让学生充分认识浓硫酸与硫化氢反应的原理，不仅有助于学生理解硫化氢和浓硫酸的重要性质，还有助于学生强化氧化还原反应规律的应用意识。教学中要充分利用硫元素化合价变化图"$\overset{-2}{S}$—$\overset{0}{S}$—$\overset{+4}{S}$—$\overset{+6}{S}$"来加以分析，让学生充分认识硫元素处于最高价态的浓硫酸与硫元素处于最低价态的硫化氢之间有三种可能的反应历程：（1）H_2SO_4（浓）$+H_2S$ $=S\downarrow+SO_2\uparrow+2H_2O$，而且 S 是 H_2S 的氧化产物，SO_2 是 H_2SO_4 的还原产物；（2）H_2SO_4（浓）$+3H_2S=4S\downarrow+4H_2O$，S 既是氧化产物，又是还原产物；（3）$3H_2SO_4$（浓）$+H_2S=4SO_2\uparrow+4H_2O$，$SO_2$ 既是氧化产物，又是还原产物。不难看出，这些可能的反应历程都是"归中反应"规律的具体体现。

高考化学实验复习与创新能力培养

近几年来，高考试题在不断出"新"，主要表现在三个方面：一是命题由知识立意向能力立意转变，更注重的是创新能力的考查；二是在试题情境设置上力求出新，更注重应用能力与迁移能力的考查；三是在设问方式上有所变化。因此，复习中加强对创新能力的培养，是取得高考胜利的重要保证。那么，什么是创新呢？即通过自身的努力，获得新的发现、新的规律、新的应用、新的解法、新的认识等过程，广义的创新能力包括：观察能力、迁移能力、应用能力、发现能力、选择能力、实验设计能力等。不难看出，化学实验是培养化学学科创新能力的最佳载体。现就如何在高考化学复习中培养创新能力作一些简单的探讨。

一、以中学化学教材为本，培养迁移能力

迁移能力是创新能力中最为重要的一种，迁移能力常分为两类：一是正迁移，即在实际解题过程中，主动、自觉地迁移相关知识用于解题。可以肯定地说，掌握的知识、技能再多，不会迁移或迁移不当，所学知识就不能灵活应用；另一种迁移是逆迁移，即在解题过程中，将自己总结出的规律、结

论、经验等有价值的信息回迁到自己的知识体系中来，丰富自己、提高自己。因此，迁移能力是中学化学复习中必须重点培养的创新能力。

认真复习好化学实验基本操作，为有效实现正迁移创造条件。如，近几年高考考查的实验基本操作有：溶液配制、物质的称量、蒸馏、分液、萃取、蒸发、过滤、仪器洗涤、仪器的使用等，若不认真地对有关化学基本操作进行复习，考题虽然简单，照样答不上来。所以，实验复习中，必须按部就班地把初高中教材中所涉及的基本操作、学生实验、演示实验逐一复习到位，切不可有丝毫的疏漏。

在实验操作和解答实验问题中，及时将有关做法、体会、结论、规律回迁，丰富自己的知识体系，为再迁移积累素材。在进行实验操作和实验解题时，切不能一解了之，要多思多想，探索规律，总结经验，还要吸取失败的教训。

二、充分发挥主动性，培养选择能力

可以说，学生获取的知识在头脑中是相互联系的，他们每获得一个新知识或新技能时，都与已有知识体系发生作用，这样学生们就会面临多种选择。上课时，有的老师为了节省课堂时间，往往代替学生选择，这种做法不仅剥夺了学生们选择的权利，而且会使学生们面对考试时或复杂问题时无所适从。

高考综合测试题中考查选择能力的化学实验题一般分为实验方式（包括反应途径、实验操作步骤）选择和实验原材料（包括实验用品）选择两种。实验方式选择，主要是要求考生在比较题给反应路径后选择最佳实验方案，需要考虑的因素有：反应步骤是否最简、反应途径是否合理、实验操作顺序是否有颠倒等。高考实验题考查较多的是实验用品的选择。

因此，考生对实验原理不清或实验技能不扎实，很难适应高考对相关能力的考查。那么，在实验复习中如何培养选择能力呢？（1）主动复习到位，实验基本技能、实验基本操作等不仅要复习，而且每一个学生实验、演示实验从实验步骤、实验仪器和药品，到实验注意事项，包括装置连接、气流方向，也要主动复习到位，说清道理、讲明原因；（2）多做一些是非性问题，如区别直馏汽油与裂化汽油，用酸性高锰酸钾溶液和溴水哪个好？除去苯中的苯酚，是用NaOH溶液还是用溴水？多做这样的题，不仅能巩固知识，还能提高选择能力；（3）适当进行选择题专项训练，在训练中发现问题，查找疏漏。

三、注重知识与基本技能的统一，培养应用能力

把学到的知识、原理和实验技能自觉地应用到实验中解决实验问题，对学生自身来说，就是一种创新。根据实验试题要求，运用化学知识设计基本实验和实验方案是高考对考生创新能力的基本要求。

目前，普遍存在的问题是学生往往孤立地学知识，所学知识与实际发生不了联系，彼此脱节，学得死，用不好。如制SO_2时为什么要用浓硫酸与加入少量水的固体Na_2SO_3反应，浓硫酸与干纱布进行脱水实验为什么不如与适当润湿的纱布的效果好，皮肤上不慎接触大量浓硫酸与少量浓硫酸处理方法有所不同等，这些问题都很难，难就难在同学们不容易想起来应用浓硫酸遇水放热来说明问题。又如：用湿润的pH试纸分别测定强酸与弱酸溶液的pH，哪个误差小？学生们往往也不会想起来应用弱酸稀释后，溶液中H^+浓度改变小来分析。还有就是学生不会把学到的物质的性质应用到物质的制备中来，如实验室制氯化氢，比较快速的方法是用浓硫酸与浓盐酸作用；实验室快速制氧气，也可以利用过氧化钠和过氧化氢的性质，即用过氧化钠与水反应，用二氧化锰催化过氧化氢分解，特别是有些题目中还要求用启普发生器制氧气，很多学生都不能进行灵活应用。快速制氨气也不是用课本中的原理，而是采用将浓氨水滴加到固体NaOH中的方法。学生不仅在应用化学知识方面经验比较少，而且突出表现在实验设计能力相对弱，就最近几年高考命题来看，实验设计题虽然简单，但由于考生不能自如地将所学知识应用于实践，因此，此类题得分率较低，是考生惧怕的"难"题。

比较有效解决学生实验设计薄弱问题的办法，就是在实验复习中注重所学知识与基本技能的统一，具体地说，复习中应采取以下几方面的措施：

（1）在元素化合物知识复习中，要充分理解有关知识在实验应用中的价值，特别是在物质制备、干燥、净化等方面的应用。如工业上用浓硫酸吸收三氧化硫的知识，本来与实验毫无关系，但可用于除去 SO_2 中的 SO_3；又如由于 SO_2 可以被 $FeCl_3$ 溶液氧化，实验中可以用 $FeCl_3$ 与 $BaCl_2$ 混合溶液来有效除去 CO_2 中的 SO_2 和检验 CO_2 中 SO_2 的存在，解决了有关难题。（2）使一些实验仪器物尽其用，如短颈漏斗除在过滤、添加液体中会用到外，在收集气体（收集钠等金属与水或酸反应产生的气体）、处理尾气（吸收氯化氢、氨气等）中也能用到；集气瓶在排水集气、排空气集气、量气等多方面有应用；干燥管除了干燥之外，还可尾接等。（3）要学会实验设计的基本技能，熟悉实验设计题的基本要求，避免对此类题有过重的心理负担。在复习中，考生可以结合高考典型试题进行巩固性、适应性训练。

四、敢于质疑实验现象，培养观察能力

高考考查考生观察能力，不仅体现在化学实验题的解题中，其他类型题的解答也对考生观察能力有要求。

培养观察能力，往往是从观察实验现象开始的，但绝不能停留于此。从有关的实验考试题来看，需要观察的地方很多，只要悉心观察总会取得收获。如，CH_4、C_2H_2、C_2H_4 都能在氧气中燃烧，且 CH_4、C_2H_4 燃烧反应热明显高于 C_2H_2，但为什么只有炔氧焰温度高达 3 000 ℃？许多同学往往不知如何回答，通过观察比较不难发现，是因为 C_2H_2 中氢元素含量低，生成的水带走的热量少；又如，在观察 CO、H_2、H_2S、CH_4 通过玻璃导管燃烧时，为什么唯有氢气燃烧火焰不呈课本上所讲的淡蓝色？往往给出的合理解释是玻璃中钠元素的焰色产生干扰，但为什么其他气体燃烧时钠元素的焰色不产生干扰，而能看到淡蓝色火焰呢？显然有说不通的地方，注意观察的同学会发现那是氢气燃烧的火焰温度高，其他物质燃烧时火焰的温度不足以使钠元素产生焰色。稍微注意观察乙酸乙酯、溴苯制备装置，就会发现，两装置是相通的，只存在导管长度和使用与不使用酒精灯的差异，甚至根据有关信息知制溴乙烷、乙醚等也可用稍加变化的此装置。再通过观察制硝基苯和制酚醛树

脂实验装置，就会发现它们冷凝回流反应物的方式上、加热方式上是完全相同的，再与制乙酸乙酯、制溴苯比较，实验都要求冷凝回流反应物，只是冷凝方式不同，这对正确选择有关实验的实验装置很有意义。既然观察那么重要，高考对观察能力要求那么高，复习中如何培养学生的观察能力呢？

培养良好的观察能力，虽然需要长时间地坚持，但在实验复习中注意方法和措施，也能收到一定的效果。具体做法是：（1）要积极观察课本上的图表、实验装置图等，积极培养学生的观察习惯。观察图表，主要是学会观察的方法，分析图表含义；观察装置图，主要是认识装置图各部分连接方式，有助于判断考题中装置图的正误，观察时还要考虑各部分的作用及仪器替代品。如，实验室制氨气、高锰酸钾制氧气、制乙炔时都用到棉花，其作用各是什么？制溴苯时，试管完全可以用圆底烧瓶代替，水浴加热、蒸馏、制乙烯都用到温度计，水银球的位置有何不同等。（2）要充分认识课本中有悖常规的做法和实验中的异常，并能给出合理的解释，这样可以避免不必要的失误，如实验室制 NO 、制乙醇用的装置不符合常规，但合理。电镀锌实验从理论上讲，锌上不应该有气泡，铜锌原电池从理论上讲，锌上也无气泡，而事实上锌上都有气泡，我们都要通过观察给予合理的解释。（3）最后走出实验观察，全面提高观察能力，如电解含酚酞的饱和食盐水时阴极区变红色，原电池发生吸氧腐蚀时，哪一电极遇酚酞变红呢？通过对 CaC_2 与水的反应的观察，能不能判断出 Mg_2C_3 、 Al_4C_3 与水反应的产物呢？又如，已知碘的四氯化碳、苯溶液呈紫色，碘的水、酒精溶液呈褐色，那么，碘在乙酸中、在二硫化碳中各呈什么颜色？另外，通过观察乙炔、氢气的组成，能否发现炔氧焰、氢氧焰为什么都能达到 3000 ℃的原因呢？事实上，高考中的无机框图题、有机试题等在解题前都需要有细致的观察，特别是有机信息题的解题必须通过认真地观察有关信息或反应部位方能实现正确解题。

高考化学实验复习十分重要，甚至有将所有学生实验、演示实验再重新做一次的必要。但无论采取哪种实验复习方式，都必须切记两点：实验复习不能流于形式，实验复习必须注重创新能力的培养。

中学化学中几个具体问题教学的讨论

无论是《全日制普通高级中学化学教学大纲》，还是《普通高中化学课程标准（实验）》，对中学化学的教学内容和实施教学中应注意的问题都给出了具体建议，但这些建议都是观念上的，对于实际教学过程中如何处理教学中的具体问题并未给出参考性意见。由于我们在实际教学过程中，容易受到传统教学思想、教师经验主义、中学化学知识欠系统性及中学生逻辑思维发展性的影响，我们就会面临如何从中学化学教学的具体实际出发，以真正方便于中学化学教与学为原则，去处理中学化学教学中的具体问题。现结合有关教学经验，对中学化学中几个具体问题的教学提出建议，供大家参考。

一、"混合物"概念教学

由分子构成的物质，如果是由不同种分子构成的就是混合物，由同种分子构成的就是纯净物。在进入高中课程以后，"同位素"概念的出现使混合物概念产生了问题。我们先来分析一个问题。

现有下列符号：$_1^1H$、$_1^2H$、$_1^3H$、$_{17}^{35}Cl$、$_{17}^{37}Cl$。

请回答：（1）它们代表几种原子？（2）它们分别属于哪种元素？（3）

各符号代表的粒子构成几种分子？（4）这些分子分属于几种物质？

分析与解答：显然这些符号代表了5种原子，分别属于氯元素与氢元素，这5种原子可以构成15种分子（6种氢气分子、6种氯化氢分子、3种氯气分子），这些分子分别属于氢气、氯化氢和氯气三种物质。

显然，$^{2}_{1}H^{35}_{17}Cl$、$^{1}_{1}H^{37}_{17}Cl$、$^{1}_{1}H^{37}_{17}Cl$等是不同种分子，但同属于氯化氢这种物质。因此，判断混合物与纯净物时，不能以含分子种类的多少，而应以所含物质的种类多少而论。

二、"两性"的教学

高中化学教材并没有直接定义"两性"，只是在介绍氧化铝、氢氧化铝时这样表述：像Al_2O_3这类既能与酸反应生成盐和水，又能与碱反应生成盐和水的氧化物，叫做两性氧化物；像$Al(OH)_3$这样既能跟酸起反应，又能跟碱起反应的氢氧化物，叫做两性氢氧化物。根据这样的描述，必然有几方面的疑问：（1）两性氧化物与两性氢氧化物的"两性"含义一样吗？（2）凡是既能跟酸反应，又能跟碱反应的氢氧化物，都叫两性氢氧化物吗？（3）什么是"两性"？

先看一个问题。现有以下几种物质：①金属铝；②氧化铝；③氢氧化铝；④碳酸氢钠；⑤碳酸铵；⑥甘氨酸；⑦蛋白质。它们既能与酸反应，又能与碱反应。

请回答：（1）属于两性物质的有哪些？（2）属于两性化合物的有哪些？

分析与解答：金属铝、氧化铝、氢氧化铝、甘氨酸、蛋白质都属于两性物质，但金属铝不属于两性化合物。碳酸氢钠、碳酸铵虽然既能与酸反应，又能与碱反应，但由于不能生成"盐和水"，因而它们不是两性化合物。

关于"两性"教学的关键有两点：一是两性物质的判断，二是"两性"含义的理解。金属铝的"两性"是指既能与酸反应，又能与碱反应，并不是指"非金属性"与"金属性"。两性化合物是指既能与酸反应，又能与碱反应，且生成盐和水的一类化合物，两性氧化物的"两性"也可以理解为既能表现酸性氧化物的性质，又能表现碱性氧化物的性质。弱酸的酸式盐或弱酸弱碱盐虽然既能与酸反应，又能与碱反应，但不能生成"盐和水"，因而不是两性化合物。氨基酸与蛋白质的"两性"是指其结构中既有能与酸反应的碱性基团，又有能与碱反应的酸性基团。有时我们把既能表现氧化性，又能表现还原性的物质也叫"两性"物质。

三、"化学反应速率"表示方法的教学

高中化学教材指出，化学反应速率通常用单位时间内反应物浓度的减少或生成物浓度的增加来表示。由于化学反应的发生可能会引起反应体系前后的体积变化，从而导致浓度的变化，特别是当同一个化学反应在不同条件下进行时，如果需要比较不同情况下化学反应的快慢，我们就会发现在"化学反应速率"的表示上还存在一些需要解决的问题。

我们先看一道题。

在不同条件下发生反应：$2SO_2+O_2\rightleftharpoons 2SO_3$，已知用不同物质的浓度变化表示的化学反应速率分别如下，其中表示的反应速率最快的是

A.$v(SO_2)=4$ mol·L^{-1}·min^{-1} B.$v(O_2)=3$ mol·L^{-1}·min^{-1}

C.$v(SO_3)=0.1$ mol·L^{-1}·min^{-1} D.$v(O_2)=0.1$ mol·L^{-1}·s^{-1}

分析与解答：显然，答题时不能直接依据选项中所给数值的大小进行判断，要先统一单位，再比较数值大小。比较时还应根据关系：$\frac{v(SO_2)}{2}=\frac{v(O_3)}{1}=\frac{v(SO_3)}{2}$，求得D表示的反应速率最快。

在"化学反应速率"的教学中，还应该向学生强调以下几方面的问题（以化学反应 $mA(g)+nB(g)\rightleftharpoons pC(g)+qD(g)$ 为例）。

（1）在恒容或化学反应前后体积不变的条件下，可以用单位时间内反应物浓度的减少或生成物浓度的增加来表示化学反应速率。

（2）同一条件下发生的同一化学反应，可用不同物质单位时间内的浓度变化来表示化学反应速率，它们的数值不一定相等，但一定有：$\frac{v(A)}{m}=\frac{v(B)}{n}=\frac{v(C)}{p}=\frac{v(D)}{q}$。

（3）不同条件下发生的同一化学反应，其快慢由 $\dfrac{v_i}{化学计量数}$ 决定，数值大的表示化学反应进行得快。

四、"质量数"概念的教学

高中化学教材中的质量数定义为：将原子核内所有的质子和中子的相对质量取近似整数值加起来所得的数值，叫做质量数，即质量数(A)=质子数(Z)+中子数(N)。中学化学教学实践告诉我们，如果有些问题不交代清楚，质量数概念的引入，反而会增加学生在学习上的某些困难：（1）质量数是数还是质量？（2）质量数与原子的相对质量有何关系？（3）质量数与元素的相对原子质量有何种关系？

我们先看下面的问题。

已知氯元素在自然界中有两种同位素存在，有关数据如下：

同位素	相对原子质量	所占的百分比
$^{35}_{17}Cl$	34.969	75.77%
$^{37}_{17}Cl$	36.966	24.23%

分析与解答：我们平常所说的某种元素的相对原子质量，是按各种天然同位素原子所占的一定百分比算出来的平均值。具体算法是：（1）氯元素的相对原子质量=34.969×75.77%+36.966×24.23%=35.453；（2）氯元素的近似相对原子质量=35×75.77%+37×24.23%=35.48。国际上通常采用的氯元素的相对原子质量是35.453，而不是35.48。

在"质量数"教学中，必须明确以下几方面的问题：（1）质量数只对原子而言，是相对质量范畴的概念，它可以近似表示原子的相对原子质量，故又称"近似相对原子质量"；（2）质量数虽然是"将原子核内所有的质子和中子的相对质量取近似整数值加起来所得的数值"，又忽略了电子的质量，但质量数不一定比原子相对原子质量小；（3）对元素的各同位素原子质量数进行平均，所得的数值可以近似表示元素的相对原子质量，又叫元素的近似相对原子质量，同样不一定比元素的相对原子质量小。

五、"化学反应中能量变化"的教学

高中化学教材中关于"化学反应中能量变化"的有关内容，共分三个部分：一是在高一化学教材中定性介绍了"放热反应""吸热反应"的概念；二是在高三化学教材"电解原理及其应用"中介绍了电能与化学能的转化；三是在高三化学教材中定量地介绍了"化学反应过程中能量变化"及其表示方法——热化学方程式。高中化学教材还指出，化学反应过程中的能量变化与反应物总能量和生成物总能量相对多少有关。于是，学生就有一个疑问：反应物、生成物作为一种静态的物质，它们哪来的能量呢，这种能量又是什么呢？我们来看一道2004年高考理科综合能力测试（新课程卷）中的化学题。

已知25 ℃、101 kPa下，石墨、金刚石燃烧的热化学方程式分别为

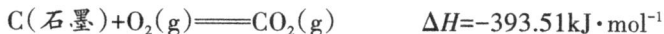

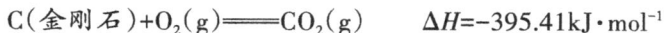

C（石墨）+O_2(g)===CO_2(g)　　　ΔH=−393.51kJ·mol^{-1}

C（金刚石）+O_2(g)===CO_2(g)　　　ΔH=−395.41kJ·mol^{-1}

据此判断，下列说法中正确的是（　）

A.由石墨制备金刚石是吸热反应；等质量时，石墨的能量比金刚石的低

B.由石墨制备金刚石是吸热反应；等质量时，石墨的能量比金刚石的高

C.由石墨制备金刚石是放热反应；等质量时，石墨的能量比金刚石的低

D.由石墨制备金刚石是放热反应；等质量时，石墨的能量比金刚石的高

分析与解答：此题所作的两个判断是完全一致的，只能在A、D中选择，将两个方程式上下相减，得：C（石墨）===C（金刚石）ΔH=+1.9 kJ·mol^{-1}，表示此过程为吸热反应，即石墨的能量比金刚石的低，此题的正确答案为A。

显然，在"化学反应中的能量变化"的教学中，还应该向学生讲清楚"物质内部的能量"和"能量的转化"。从化学的角度，物质内部的能量即反应物或生成物中的能量，主要包括物理能与化学能两方面。所谓物理能是指与物质状态或体系温度相联系的能量，热化学方程式书写时需要指定温度和注明状态就是基于这一点考虑。所谓化学能是指与物质的化学变化相联系的

能量，体现在构成物质的粒子间相互作用的能量上（如键能等），当化学反应发生时，就会有相应的化学能变化，变化的化学能就可以以其他形式呈现出来。因此，从能量转化的角度，化学能可以与多种其他形式的能量相互转化：（1）化学能与光能相互转化，如光照下发生化学反应，可以认为有光能转化为化学能；（2）化学能与电能相互转化，如电解过程就是电能转化为化学能的过程；（3）化学能转化为生物体所需能量，如人体消化糖、脂肪提供的能量；（4）化学能与热能相互转化，化学能转化为热能是放热反应，热能转化为化学能是吸热反应。

六、电解原理应用的教学

高中化学教材（选修）中关于电解原理的应用，重点介绍了电解饱和食盐水和电解精炼铜。在进行电解饱和食盐水的教学时，学生必然遇到如下问题：（1）电解过程中，OH^-会向阳极迁移，为什么在滴入酚酞时，阴极附近出现红色；（2）阴极的OH^-是如何生成的？（3）会不会有H^+生成的情况发生呢？

我们先来解决如下问题。

在U型管里装入饱和食盐水，插入一根碳棒作阳极，一根铁棒作阴极。同时在U型管两端口处各滴入几滴酚酞试液，接通直流电。问题：电解过程中哪个电极附近溶液变红色？

分析与解答：变红的情况发生在阴极附近，因为OH^-在阴极区生成。虽然溶液中OH^-在外电场作用下会移向阳极，但OH^-在阴极的生成速率远大于它移向阳极的迁移速率，由于移向阳极的OH^-会和阳极产物Cl_2发生化学反应，甚至会出现漂白现象，因此，只可能在阴极区出现红色。

在进行电解原理应用的教学时，有必要对电解过程中可能引起的酸碱性变化进行思维发散，一方面可以激发学生的兴趣和探究心理，另一方面也可以丰富电解知识的内涵。电解过程中，只要有H^+或OH^-放电或电解产物中有H_2或O_2生成时，均会引起两极区pH的变动。

我们知道，H^+只可能在阴极放电，OH^-只可能在阳极放电，对于非酸、非碱溶液来说，放电的H^+来自阴极区的水的电离，放电的OH^-来自阳极区水的电离。

（1）H^+总是在阴极放电，OH^-总是在阴极上生成：①$2H^++2e^-=H_2\uparrow$；②$2H_2O+2e^-=H_2\uparrow+2OH^-$。电解过程中，阴极区pH会因$H^+$减少或$OH^-$生成而增大。

（2）OH^-总是在阳极上放电，H^+总是在阳极上生成：③$4OH^--4e^-=2H_2O+O_2\uparrow$；④$2H_2O-4e^-=4H^++O_2\uparrow$。电解过程中，阳极区的pH会因$OH^-$减少或$H^+$的生成而减小。

下表为对几种有代表性的电解质溶液进行电解（阳极采用惰性电极）时，两极的电极反应及两极区的pH变化情况。

电解质溶液	阳极区		阴极区	
	电极反应式	pH变化	电极反应式	pH变化
H_2SO_4	④	有H^+生成，pH减小	①	H^+减少，pH增大
NaOH	③	OH^-减少，pH减小	②	有OH^-生成，pH增大
Na_2SO_4	④	有H^+生成，pH减小	②	有OH^-生成，pH增大
NaCl	$2Cl^--2e^-=Cl_2\uparrow$	—	②	有OH^-生成，pH增大
$CuSO_4$	④	有H^+生成，pH减小	$Cu^{2+}+2e^-=Cu$	—

七、三个重要反应的教学

高中化学元素化合物内容中有三个重要的化学反应：（1）MnO_2+4HCl（浓）$\xrightarrow{\triangle}MnCl_2+Cl_2\uparrow+2H_2O$；（2）$Cu+2H_2SO_4$（浓）$\xrightarrow{\triangle}CuSO_4+SO_2\uparrow+2H_2O$；（3）$Cu+4HNO_3$（浓）$==Cu(NO_3)_2+2NO_2\uparrow+2H_2O$。在进行这三个化学反应的有关教学时，需从以下几方面加以强调：（1）酸在反应中所起的作用；（2）氧化剂与还原剂的物质的量的关系；（3）反应发生的条件；（4）随着反应的进行，酸的浓度变化对反应进程的影响。我们来看一道选择题。

向100 mL 18 mol·L^{-1}的H_2SO_4溶液中加入足量铜片并加热，充分反应后，被还原的H_2SO_4的物质的量（　　　）

A. 小于 0.90 mol　　　　　　　　　B. 等于 0.90 mol

C. 0.90～1.80 mol　　　　　　　　　D. 大于 0.90 mol

分析与解答：随着反应的进行，H_2SO_4 的浓度将会逐渐变稀，一旦变稀后将不再与铜发生反应，同时参加反应的 H_2SO_4 并不是被还原的 H_2SO_4。因此，在足量铜存在的情况下，参加反应的 H_2SO_4 的物质的量将小于 1.80 mol，根据化学反应方程式可知，被还原的 H_2SO_4 将小于 0.90 mol，答案为 A。

我们在进行以下三个反应：（1）$MnO_2 + 4HCl（浓）\xlongequal{\triangle} MnCl_2 + Cl_2\uparrow + 2H_2O$，（2）$Cu + 2H_2SO_4（浓）\xlongequal{\triangle} CuSO_4 + SO_2\uparrow + 2H_2O$，（3）$Cu + 4HNO_3（浓）\xlongequal{} Cu(NO_3)_2 + 2NO_2\uparrow + 2H_2O$ 的教学中，要强调酸的作用都是多重的，HCl 既是还原剂，又起酸的作用，H_2SO_4 与 HNO_3 既是氧化剂，又起酸的作用，其比例都为 1∶1，氧化剂与还原剂物质的量的关系分别为：（1）1∶2，（2）1∶1，（3）1∶2。同时还需指出，反应（1）和（2）都需要浓酸，且在加热的条件下才能发生，不加热或酸的浓度稀到一定程度，反应会停止，反应（3）随着硝酸浓度变小，反应的产物及氧化还原反应量的关系会发生变化。

新课程高考化学基本原理试题特点及复习策略

高中新课程考试大纲关于化学基本原理的考试要求主要体现在以下几个方面：（1）物质结构和元素周期律，主要涉及必修2的相关内容和选修3《物质结构与性质》模块内容；（2）化学反应与能量，包括必修2的相关内容，以及选修4《化学反应原理》模块相关内容；（3）化学反应速率与化学平衡，主要涉及必修2的相关内容，还涉及《化学反应原理》模块的有关内容；（4）电解质溶液，主要包括必修1离子反应相关内容，还涉及选修4《化学反应原理》模块中的"水溶液中离子平衡"等有关内容。

一、新课程高考化学基本原理试题的命题特点及发展趋势

化学基本原理所涉及的化学学科主干知识，不仅已经成为高考的重点与热点，同时也成为考生较容易失分的点。从对试题内容的分析来看，化学基本原理的具体考点主要集中在：（1）原子结构及核外电子排布在元素周期表中的应用，利用元素的位、构、性间的相互关系进行元素推断；（2）化学键相关知识及其应用；（3）化学平衡移动原理及其应用；（4）弱电解质的电离平衡、盐类的水解平衡、沉淀溶解平衡及其应用相关知识；（5）存在平衡的

溶液中离子浓度的大小比较；（6）化学电源（新型电池）、电解原理的综合应用等。通过分析，近几年新课标地区高考"化学基本原理"试题，主要呈现以下几方面的特点。

（一）物质（元素）推断题继承传统命题思路，充分体现新考点

物质（元素）推断，已经走出原来的物质结构主线或性质主线的单一模式，有着物质结构与性质双重主线推断的发展趋势，综合考查元素化合物性质、元素周期律及元素周期表的综合应用，同时试题的容量往往较大，不仅考查物质结构相关知识，还兼顾考查热化学、电化学、氧化还原反应原理等相关知识。在《物质结构与性质》内容被列入指定选考内容以后，有关物质（元素）推断题则衍变为必修与选修融合的综合性试题，在继承传统命题思路的基础上，突出电子排布式的工具性价值，即以电子排布特征作为推断依据，并要求用电子排布式写出所推断出的元素的原子结构，充分体现对新知识、新内容的考查。

（二）"化学反应与能量"以热化学方程式为载体，重点考查盖斯定律的应用

"化学反应与能量"以不同的学习目标要求分别呈现在《化学反应原理》和必修2模块中。从近几年的新课标高考化学试题内容来看，"化学反应与能量"考点主要集中在选修模块中，主要考查形式有选择题，也有非选择题，选择题更多的是以热化学方程式书写或正误判断为载体，考查盖斯定律及其应用，而非选择题则有要求根据已知的热化学方程式运用盖斯定律写出新的热化学方程式的趋势。

（三）电化学基础，突出对电化学基本原理的考查

有关电化学的命题，尽管有时考查电解原理，有时考查原电池反应，但电化学试题几乎每年都会出现在高考化学试题当中，而且近几年又以可逆电池反应的形式同时考查原电池原理和电解原理及其应用。从近几年新课标高考化学试题及考试说明所给出的样题来看，电化学基础主要考查相关原理的应用、电极的判断、电极反应式的书写等，有关电化学原理的化学计算也开始在选择题的选项中出现。在命题的形式上以选择题为主，试题信息多以图示的形式给出，有关原电池的试题、带有盐桥的原电池、新型电池的相关原理、电极反应等受到关注。

（四）化学反应速率与化学平衡突出化学平衡原理应用，以识图为主

化学反应速率与化学平衡，选修与必修分别有不同的学习目标要求。从近几年的新课标地区的高考化学基本原理试题的内容来看，所考查的主要内容均为化学平衡原理及其应用，在命题形式上主要是选择题，更多的是以平衡识图题为主，突出对新课标高考新增内容的考查，如化学平衡常数、转化率等。在考查的具体内容上，主要以化学平衡移动方向判断、体现过程的化学平衡图像正误判断、平衡常数及转化率变化和平衡过程中有关物质浓度变化等知识为主。

（五）电解质溶液重点关注水溶液中的离子平衡关系

从近几年高考命题来看，有关电解质溶液的考查主要围绕水溶液中的电离平衡、水解平衡及沉淀溶解平衡来进行，考查的形式主要是基于水溶液中离子平衡关系的离子浓度比较、离子浓度关系判断等。

除此以外，化学基本原理在命题形式上，还出现了以下新的趋势：（1）试题在学科内知识的综合程度上不断提高；如物质（元素）推断题，同时考查化学基本概念、元素化合物知识、化学实验基本技能等其他内容；（2）一些新的试题类型，开始渗透化学基本原理考点，如工艺（实验）流程题、实验探究题等也开始注重对离子反应、化学平衡、化学反应速率等的考查；（3）有关科学、技术、社会和环境（STSE）的命题往往以考查化学基本原理内容为主，体现了有关原理的实际应用；（4）有关化学基本原理的题型模式已经基本形成，选择题主要以"电化学知识""化学平衡知识""离子共存或离子方程式正误判断""水溶液中离子平衡问题"等题型为主；（5）电解原理及其应用中有关电解质溶液的变化，包括浓度的改变、pH的改变等问题；（6）在选修模块中没有进一步拓展延伸的有关必修模块内容，命题时将给出

较高的要求，如元素周期表等，在选修模块中进一步拓展延伸的有关必修模块内容，命题要求都普遍较低，如原子结构等。必考内容中的选修模块《化学反应原理》，不仅按选修的要求进行命题，而且注重知识点的涵盖面，特别注重涵盖必修模块中相关的内容，如电化学、化学反应速率、化学平衡、热化学反应、电解质溶液、离子反应等有关知识。

二、化学基本原理的复习策略

由于化学基本原理的内容多，在高考中所占的比重大，是考查考生的化学学科素养的重要载体。因此，备考复习过程中不仅要讲究复习效率，还要讲究复习方法，注重复习策略。

（一）强化化学用语的规范使用

化学基本原理很多试题的解答，都需要通过化学用语的形式来表达。一方面，这是考查化学学科素养的基本需要，另一方面，也是强化化学用语的规范与准确使用的必要。因此，在复习过程中，首先，要重视对化学用语的基本规范的复习与再认识，这是规范使用化学用语的前提；其次，要认真反思个人在化学用语的使用过程中出现的问题，以及养成的不良习惯，及时加以规范与纠正；最后要认真研究历年高考化学题对化学用语的考查方式与要求，进行有针对性的训练。尤其要重视化学方程式的正误判断研究及书写训练，努力解决多年来高考答题中普遍存在的化学方程式书写失分较多的问题。

如离子方程式书写时必须注意的几方面问题：（1）准确写出离子方程式中的分子和离子。写成分子式的物质有：单质、氧化物、弱电解质、非电解质、易挥发的物质、难溶物质；写成离子符号的有：强酸、强碱、大多数可溶性盐。（2）微溶的物质作为反应物，若是澄清溶液写离子符号，若是浊液写分子式或化学式，若作为生成物，一般写分子式。（3）要注意电荷是否守恒，质量是否守恒。如，硫酸亚铁溶液中加入用硫酸酸化的过氧化氢溶液，不能写成：$Fe^{2+}+H_2O_2+2H^+=Fe^{3+}+2H_2O$。（4）看反应物和生成物的配比是否正确。如，不能把硫酸和氢氧化钡的离子反应方程式写成：$H^+ + SO_4^{2-} + Ba^{2+} + OH^- = BaSO_4\downarrow + H_2O$。（5）看是否符合题设条件及要求。如："过量""少量""等物质的量""任意比"以及滴加顺序等对反应产物的影响，如 $Ca(OH)_2$ 与 $NaHCO_3$ 反应、$AlCl_3$ 和 $NaOH$ 溶液的反应均属这种情况。（6）要注意是否违背客观事实反应。如，向次氯酸钙溶液中通入少量的二氧化硫，不能写成 $Ca^{2+} + 2ClO^- + SO_2 + H_2O = CaSO_3\downarrow + 2HClO$，因为 ClO^- 和 SO_2 可发生氧化还原反应。

（二）重视化学基本原理的题组训练

所谓题组训练，就是在化学基本原理复习过程中所进行的与之配套的专项练习，即就某一知识点精心选择与此相关的不同类型的试题作为训练之用。如，在复习离子反应时，可以选择以下题型的题组进行有针对性的训练：（1）离子共存判断题组，所选择试题不仅要有无条件离子共存判断题，还要有题干中加以条件限制（如有无颜色、一定 pH 等）的离子共存判断题，在遇到不能共存的离子组时一定要分析不能共存的原因；（2）离子方程式正误判断题组，既要训练肯定句式题干的判断题，还要训练否定句式题干的判断题，对于不正确的离子方程式一定要分析错误的原因；（3）离子浓度比较题组，即进行一定条件下的离子浓度大小比较训练，在确定离子浓度大小关系时不仅需要考虑电离平衡、水解平衡，以及沉淀溶解平衡，同时还需要充分考虑电荷守恒和质量守恒两大定律；（4）离子方程式的书写题组，即选择一些典型的离子方程式进行默写，书写时需要满足离子方程式书写规则和基本要求。由此可见，题组训练的主要目的是见识题型，巩固知识，提高能力，突破难点。题组训练不仅可以有效提高复习效率，也能够避免走入题海误区。因此，在进行题组训练时，必须注意以下几方面：一是要精心选择训练题，即所有用于训练的题组都是经过教师精心挑选的，试题的质量高，针对性强；二是题组的构成最好是历年各省区或全国的高考题或模拟题、经典样题和承载能力很强的典型试题；三是与复习内容的配套性要强，功能性要好，还要注意一定的综合性。

（三）领会大纲、课标、教科书的区别

教科书、大纲、《普通高中化学课程标准（实验）》既是我们复习的主要参考书，也是高考化学命题的依据，还是编、选、练习一切训练题、测试题和专题配套题组的依据。因此，在化学基本原理的复习过程中必须用好教科书、《普通高中化学课程标准（实验）》，同时还要关注大纲，要注意大纲、《普通高中化学课程标准（实验）》、化学教科书的分析比较，还要特别关注大纲与课标对同一知识点在具体要求上的不同。如"电负性""活化能及其对化学反应速率的影响"和"焓变和熵变"的相关知识在《普通高中化学课程标准（实验）》上有要求，教科书上有体现，但大纲明确规定不作考试要求。又如"盐类水解"，在《普通高中化学课程标准（实验）》中是"理解"，而在大纲中则为"了解"要求。这样做，不仅可以准确把握高考内容，还能有效提高复习效率。这里需要特别指出的是，有些同学在复习过程中，只顾埋头做题、盲目训练，不重视教科书的重温，不注意《普通高中化学课程标准（实验）》和大纲的比较研究，虽然做了甚至重复做了大量的训练题，但在化学基本原理主干知识的把握与化学用语的应用方面仍然存在不少问题，显然这是抓住了"芝麻"却丢了"西瓜"。

（四）深入研究高考试题和考试说明样题

纵观近几年新课标地区"化学基本原理"的高考试题，一个明显的特征是考题不偏、不超纲，命题风格基本保持稳定，没有出现大起大落的变化。很明显，命题者在向我们传输一个积极的信号，要重视历年高考题的研究、重视考试说明样题的研究！认真研究历年高考试题不难找出命题轨迹，从而把握试题难度。例如，对近几年高考化学试题尤其是试验区的高考试题进行分析，不难发现高考试题有关"化学基本原理"的考查内容不外乎8个方面：原子结构（电子排布式）、元素周期律（电离能、电负性等）、化学反应与能量（盖斯定律）、电化学基础（原电池与电解池）、离子反应、化学反应速率与化学平衡、水溶液中离子平衡（电离平衡、水解平衡、沉淀溶解平衡）、物质结构与性质等。从高考理综化学试题的题型结构来看，无论是国家考试中心命制的全国卷（Ⅰ卷）试题，还是各省自主命题的新课程卷，非选择题都应该是4道，一道为典型的实验探究题或具有探究因素的综合实验题，一道为以结构和性质双重主线的元素及化合物推断框图题，一道为典型的以有机合成路线图为信息的有机推断题，还有一道全新的工艺或实验流程题，这4道主观题中，元素及化合物推断综合应用题与化学基本原理直接相关，另有2道题渗透化学基本原理知识。

显然，了解了这些信息，见识了这些高考题型，不仅能够有效提高复习的针对性，增强战胜困难的信心，而且还可以大大提高复习效率。因此，对高考试题的研究，主要包括试卷结构研究、题型研究、试题命制思路与方法研究等，还要注意"陈"题新做，将往年的高考试题进行创造性的重组，推陈出新。

（五）认真做好复习过程的反思纠错

在复习过程中，努力排除复习和训练过程中的盲点、疑点非常重要。一方面，复习过程要对照《考试大纲》认真查找盲点，包括知识盲点、方法盲点和思维盲点，另一方面要通过复习努力解决"一听就懂，一看就会，一做就错"的普遍性问题，还要努力走出"越基础的东西越易出差错"的怪圈。除了思想上要予以高度重视外，还要对训练、考试中出现的差错，及时反思，及时纠正。对"事故易发地带"有意识地加以强化训练是一条有效的途径。每一次训练或考试后，要对差错做出详尽的分析，找出错误的根源，到底是原理不清或不明造成的，还是非知识性的失误。对出现的差错要作记录，每隔一段时间都要进行一次反思，看看哪些毛病已"痊愈"，哪些"顽症"尚未根除，哪些是"旧病复发"，哪些是"新病上身"，从而不断消除化学基本原理复习过程中的疑点、盲点和易错点。

常见的纠错方法主要有五种：（1）考后满分，即在考试以后，在老师或同伴帮助之下通过自己的努力，将考试中暴露的问题全部解决，最终实现满分；（2）将纠错内容分类摘抄，在其题下或旁边加以注释，这种方法比较费时间，但效果较好；（3）剪贴法，即将纠错题目从试卷上剪裁下来，按照时间、科目、类别分别贴在不同的纠错本上，并在题目下部或旁边加上注释，在临考前复习时比较方便、高效；（4）在资料及试卷上纠错，有序整理资料及试卷，或按时间段、按类别、按科目分门别类，加以注释，这是最省事也是最常用的方法之一；（5）将纠错点还原到教科书上，在教科书知识点相应处，用不同字符标记纠错点，同时在其下部或旁边附上一纸片，标出该点纠错题目位置、出处、错误缘由及简单分析等内容。

浅谈非金属元素及其化合物的复习

非金属元素及其化合物作为高中化学的主干知识，历年都被列入高考的考试要求之中，从历年的高考化学情况来看，有以下一些有关非金属元素及其化合物的知识点被列为高考的考点。

1.典型的非金属元素——卤族元素

（1）以氯元素为例，了解卤族元素的物理性质和化学性质；

（2）从原子的核外电子排布情况，理解卤族元素（单质、化合物）性质的相似性和递变性；

（3）掌握氯气的化学性质，了解几种重要的含卤素化合物的性质和用途。

2.其他常见的非金属元素（如：H、O、S、N、P、C、Si等）

（1）了解这些元素的单质及某些氧化物、氢化物的性质；

（2）以 Na_2O_2 为例，了解过氧化物的性质；

（3）掌握硫酸、硝酸的化学性质；

（4）以硫酸为例，了解化工生产中化学反应原理的确定。初步了解原料与能源的合理利用、"三废处理"与环境保护以及生产过程中的综合经济效益问题；

(5) 了解常见盐类的性质和用途；

(6) 初步了解常见化肥的基本性质；

(7) 了解硫、氮、碳的氧化物对大气的污染及其防治措施；

(8) 初步了解氟氯烃、含磷洗涤剂及粉尘对环境及人类健康的影响；

(9) 初步了解生活用水的净化及污水处理的基本原理。

3.了解在生活和生产中常见的无机化合物的性质和用途

4.以上各部分知识的综合应用

从以上关于非金属元素及其化合物的内容来看，高考对相关知识的考查是非常广泛的，但考查的重点也是非常明确的，特别是近几年高考化学非常重视对化学用语的考查，特别强调了化学方程式、化学式等的书写，而非金属元素及其化合物知识又是考查化学用语的重要载体之一。因此，建议从以下四个方面重点、系统地复习非金属元素及其化合物知识。

一、以氧化还原反应为线索，掌握重要的化学反应

无论是典型的非金属元素——卤族元素，还是其他非金属元素，其单质或化合物所呈现的化学反应基本上都是氧化还原反应，复习中只要抓住氧化还原反应这个线索，利用氧化还原反应规律去分析化学反应、理解化学反应，也就掌握了有关非金属元素及其化合物的重点知识。

(一) "归中反应"

A、B、C是中学化学常见的三种化合物，它们各由两种元素组成，甲、乙是两种单质。这些化合物和单质之间存在如下的关系：

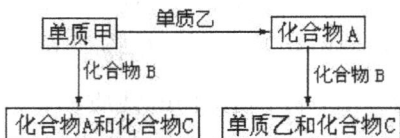

据此推断：

(1) 在A、B、C三种化合物中，必定含有乙元素的是_____；（用A、

B、C字母填写）

（2）单质乙必定是＿＿＿＿＿＿（填"金属"或"非金属"），其理由
是＿＿＿＿＿＿；

（3）单质乙的分子式可能是S，则化合物B的分子式是＿＿＿＿＿＿。

参考答案：（1）A、B；（2）非金属，因为A+B→乙+C，且乙为单质，
可知乙元素在A、B中分别呈正、负价，所以乙是非金属；（3）S、H_2S
（或N_2、NH_3）。

这道题是典型的利用氧化还原反应规律来解决问题的高考题。事实上，
非金属元素及其化合物的相关化学反应中，最为重要的一类反应就是高价化
合物与低价化合物反应生成中间价态化合物的反应，通常称之为"归中反
应"，特别是由于非金属元素化合价的特殊性，形成了非金属元素正价化合
物与负价化合物之间发生"归中"为单质的一类特殊化学反应。（1）以氯元
素为代表的有关卤素的"归中"反应很普遍，如$6HCl+KClO_3=KCl+3Cl_2\uparrow$
$+3H_2O$；（2）消除氮氧化物污染的化学反应也是"归中"反应，如$8NH_3+$
$6NO_2=7N_2+12H_2O$、$4NH_3+6NO=5N_2+6H_2O$等；（3）有关硫元素的"归中"反
应也很常见，如$2H_2S+SO_2=3S\downarrow+2H_2O$、$H_2S+H_2SO_4(浓)=S\downarrow+SO_2\uparrow+2H_2O$等。

（二）置换反应

置换反应的通式可以表示为：

单质（1）+化合物（1）＝＝＝单质（2）+化合物（2）

请写出满足以下要求的3个置换反应的化学方程式：

①所涉及的元素的原子序数都小于20；②6种单质分属于6种不同的
主族。

参考答案：$2Mg+CO_2 \xrightarrow{\text{点燃}} 2MgO+C$；$2Al+6HCl=2AlCl_3+3H_2\uparrow$；$2F_2+$
$2H_2O=4HF+O_2\uparrow$。

在这道题可能的答案中，每一个化学方程式都离不开非金属元素，甚至
有的置换反应就发生在非金属元素之间。非金属元素单质的氧化性或还原性
是有明显差异的，在表现其化学性质中会呈现出"强制弱"的置换反应。

（1）同族元素间的置换反应较为普遍，如 $2KI+Br_2=\!=\!=2KBr+I_2$、$2H_2S+O_2=\!=\!=2S\downarrow+2H_2O$、$SiO_2+2C=\!=\!=SiC+2CO$、$2KClO_3+I_2=\!=\!=Cl_2+2KIO_3$ 等；（2）不同族元素间的置换反应也很常见，如 $H_2S+Cl_2=\!=\!=S\downarrow+2HCl$、$4NH_3+3O_2=\!=\!=2N_2+6H_2O$ 等。

（三）自身氧化还原反应

一些典型的非金属元素，如果其处于中间化合价状态，在一定条件下往往可以发生该元素自身化合价有升、有降的一类氧化还原反应，常见的非金属元素 O、Cl、Br、I、S 等都有类似的化学反应呈现，特别是以单质为主。如 $2Na_2O_2+2H_2O=\!=\!=4NaOH+O_2\uparrow$、$Cl_2+2NaOH=\!=\!=NaCl+NaClO+H_2O$、$3S+6NaOH=\!=\!=2Na_2S+Na_2SO_3+3H_2O$ 等。

二、以物质转化为纽带，建立常见单质及化合物间联系

非金属元素化合物研究的主要对象是常见的单质、化合物及其性质，在高考所要求的十余种非金属元素中，需要理解其化学性质的单质及化合物有数十种。如何复习这些单质及化合物的性质，主要的方法就是建立起相关的物质转化框图，依据非金属元素的化合价状态、氧化还原反应规律及化学反应的基本原理，建立相关单质及化合物之间的联系，复习时按照关系图中箭头所指方向，发散性地思考相关物质转化时可能的途径、所需要的条件，以及化学反应所属的类型，甚至工业生产的流程等，以此掌握重要或典型物质的性质和重要的化学反应。

（一）常见的卤族元素及其化合物间转化关系图

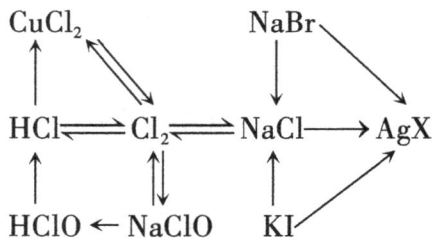

如，在复习 NaClO 转化为 HClO 时，可以分别从 NaClO 与酸反应、水解反应建立起与 HClO 之间的转化关系，从而解释漂粉精遇水即可漂白的合理性。

（二）常见的硫元素单质与化合物间转化关系图

$$H_2S \Longleftrightarrow S \Longleftrightarrow SO_2 \Longleftrightarrow SO_3 \Longleftrightarrow H_2SO_4 \Longleftrightarrow CuSO_4$$
$$Na_2SO_3 \longrightarrow Na_2SO_4$$

如，在复习 H_2SO_4 转化为 $CuSO_4$ 时，可以分别从 H_2SO_4 与铜、氧化铜、氢氧化铜、碱式碳酸铜（铜锈）建立起与 $CuSO_4$ 的转化关系，进而说明工业制取 $CuSO_4$ 的可行性方法，甚至可以将过量的铜与浓硫酸在加热条件下反应不能进行到底的原理加以解析，以解决有关计算问题。请看一道高考题：

向 50 mL 18 mol/L H_2SO_4 溶液中加入足量的铜片并加热，充分反应后，被还原的 H_2SO_4 的物质的量为（ ）

A. 小于 0.45 mol   B. 等于 0.45 mol   C. 0.45 ~ 0.90 mol   D. 大于 0.45 mol

解析：由于随着硫酸浓度的变小，H_2SO_4 氧化性减弱，不能继续氧化铜，因此，参加反应的 H_2SO_4 小于 0.90 mol，作氧化剂的 H_2SO_4 小于 0.45 mol，答案为 A。

（三）常见的氮元素单质及化合物间转化关系图

$$NH_3 \Longleftrightarrow N_2 \Longleftrightarrow NO \longrightarrow NO_2 \Longleftrightarrow HNO_3 \Longleftrightarrow Cu(NO_3)_2$$

如，在复习 HNO_3 转化为 $Cu(NO_3)_2$ 时，也可以从不同浓度的 HNO_3 分别与铜、氧化铜、氢氧化铜等反应建立起 HNO_3 与 $Cu(NO_3)_2$ 的联系，进而选择工业上制取 $Cu(NO_3)_2$ 的方法，进一步延伸到金属与硝酸反应的一般规律。请看下面的例题：

20 g 铜银合金加入 80 mL 稀硝酸中，共收集到标准状况下 2.24 L NO 气体，并有合金剩余，求硝酸的浓度。

解析：由于 NO 是从 HNO_3 得电子后转化而来，已知 N 元素化合价变化值为 3，则根据有关规律需要消耗 HNO_3 为 0.4 mol，则 $c(HNO_3) = \dfrac{0.4mol}{0.08L} = 5\ mol \cdot L^{-1}$。

（四）常见的碳族元素及其化合物间转化关系图

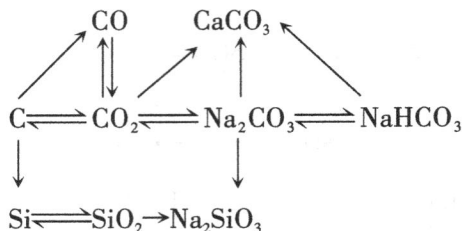

$$
\begin{array}{c}
CO \qquad CaCO_3 \\[4pt]
\nearrow\ \uparrow\downarrow\ \nearrow\ \uparrow\ \nwarrow \\[4pt]
C \Longleftrightarrow CO_2 \Longleftrightarrow Na_2CO_3 \Longleftrightarrow NaHCO_3 \\[4pt]
\downarrow \qquad\qquad \downarrow \\[4pt]
Si \Longleftrightarrow SiO_2 \rightarrow Na_2SiO_3
\end{array}
$$

如，在复习 CO_2、Na_2CO_3、$NaHCO_3$ 向 $CaCO_3$ 转化时，可以从离子反应的角度感受转化的途径、条件及离子方程式的书写等。在复习 Si 的制取时，既要从置换反应角度认识反应原理，还要充分认识到工业上单质硅的制备、净化等。

三、以典型实验为抓手，掌握重要的化学实验原理

一些典型的非金属元素单质及其化合物需要制备，许多典型物质的性质需要进行验证或探究。为此，中学化学课本中安排了很多典型的物质制备实验或性质验证、探究实验。这些实验既是中学化学必须掌握的重点内容，也是培养与训练中学生实验操作技能的重要载体，还是实验创新与实验设计的基础。因此，在复习非金属元素化合物知识时，需要以典型实验为抓手，以问题提出、问题解决、问题延伸为复习思路，掌握一些重要的化学实验原理。在复习中需要对以下典型实验进行系统复习。

（一）氯气的制备

氯气的制备实验是中学化学中一类典型性的实验。典型性在于：（1）气体的发生，凡是固体与液体在加热条件下反应制备气体均适合于用氯气的气体发生装置；（2）洗气，从除去氯气中氯化氢气体的原理与操作中，可以借鉴洗气的一般原理及所用装置；（3）集气，从氯气的收集当中，可以学习有毒或污染性气体的收集办法；（4）余气处理，从用氢氧化钠溶液来处理多余

的氯气的操作中，可以掌握实验过程中如何处理多余的毒气。

（二）碳与浓硫酸反应

碳与浓硫酸在加热条件下反应，是一个综合性很强的典型实验。典型性和综合性主要表现在：（1）固体与液体在加热条件下反应生成有毒的气体；（2）生成物相对复杂，而且两种气体产物的性质有相近的地方；（3）此实验可以训练学生多方面实验能力与方法，特别是检验碳与浓硫酸反应的产物问题，涉及气体的净化、检验等多方面操作，同时还涉及实验操作的步骤与顺序问题。

下图虚线框中的装置可用来检验浓硫酸与木炭粉在加热条件下反应产生的所有气体产物，填写下列空白：

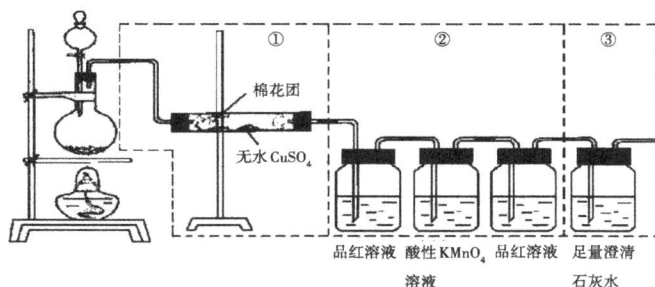

品红溶液　酸性KMnO₄　品红溶液　足量澄清
　　　　　　溶液　　　　　　　　　石灰水

（1）如果装置中①②③三部分仪器的连接顺序改为②①③，则可以检出的物质是_____；不能检出的物质是_____。

（2）如果将仪器的连接顺序变为①③②，则可以检出的物质是_____；不能检出的物质是_____。

（3）如果将仪器的连接顺序变为②③①，则可以检出的物质是_____；不能检出的物质是_____。

解析：浓硫酸与木炭粉加热发生的反应方程式为：$2H_2SO_4 + C = CO_2\uparrow + 2SO_2\uparrow + 2H_2O$。纵观整套装置，①用于检验水蒸气（使无水硫酸铜变蓝色）；②用于检验SO_2（品红溶液褪色、酸性$KMnO_4$溶液褪色，再通过品红溶液验证SO_2是否已经除净）；③用于检验CO_2气体（澄清石灰水变浑浊）。

（1）当顺序改为②①③时，由于分解气先经②装置，必然带出洗气瓶中水蒸气，故难以确定①中无水硫酸铜变蓝色是否是由于浓硫酸与木炭粉

反应所产生的 H_2O。

（2）当顺序改为①③②时，澄清石灰水变浑浊究竟是由 CO_2 还是由 SO_2 与 $Ca(OH)_2$ 反应造成的，无法确定，所以 CO_2 与 SO_2 都无法一一鉴别。

（3）当顺序改为②③①时，出现了（1）中同样的问题。

（三）氨的制备反应

利用固体氯化铵与消石灰反应制备氨气，其典型性主要表现在：（1）此实验的气体发生装置代表了固体与固体加热制备气体或反应的一类装置，包括大试管的夹持、加热的方式与过程等；（2）此实验中的气体收集反映了密度比空气小的一类气体的收集，收集方法适合于收集氢气、甲烷等；（3）吸收氨气制氨水的实验操作原理，代表了水溶性较大的一类气体的溶解及余气的吸收，基本操作要点是防止倒吸，如从氨气的吸收受到启发解决氯化氢的收集问题。

浅谈有机化学复习方法

有机化学是中学化学的重要内容，在每年高考中考查比例大，能力要求高。因此，有机化学复习既需要讲究策略，还需要注重方法，现从七个方面浅谈有机化学的常用复习方法。

1.抓住官能团，理解物质性质

有机物有数百万种之多，在复习中不可能具体到每一种有机物，更不可能逐一认识它们的性质，复习中必须从物质的结构出发，抓住决定各物质特性的官能团。

（1）逐一认识官能团的结构，掌握含有相同官能团的物质的通性，并通过典型物质性质去类推同一类其他物质的性质。如，对"—COOH"的认识，应具体到不论含"—COOH"的有机物多么复杂，其都具有酸性和能进行酯化反应的性质。

（2）注意比较含有同种官能团有机物的性质，理解官能团由于受到不同基团的影响而表现出的性质差异。如，醇、酚、羧酸分子中都有"—OH"，虽然它们都能与金属钠反应，但醇、酚、羧酸所表现出的性质是不同的。

（3）理解官能团所决定的物质性质受外界条件制约，外界条件不同，含同一官能团的物质表现出的性质不同。如，乙醇是含"—OH"的化合物，在140 ℃和170 ℃时表现的性质不同。

2.弄清反应部位，领悟反应实质

复习有机化学，对重要物质的性质和反应，不能只停留在单纯的记忆上，应明确每个化学反应所发生的部位，弄清化学变化中每个参加反应的原子或原子团的来龙去脉及化学键发生的变化。

（1）全面领悟反应的规律。如，有关乙醇的化学性质的反应规律，可从如图所示的反应部位上得到反映，详见下表：

乙醇的性质	与活泼金属反应	与HX反应	分子间脱水反应	分子内脱水反应	与羧酸反应
断键部位	d	c	c、d	a、c	d

（2）明确有机反应类型。如，化学反应 $CH_3COONa+NaOH \xrightarrow[\triangle]{CaO} CH_4\uparrow +Na_2CO_3$，只有从反应部位上才能断定该反应为取代反应，同理可从反应部位上判定酯化反应与缩聚反应都是取代反应。

（3）判断反应发生的可能性。具有某种官能团，但能否表现出这种官能团特有的通性，也需要从有机物的结构上加以分析判断。如，从乙醇消去、氧化反应的部位来看，可知 CH_3OH、 不能发生消去反应，

不能发生氧化反应；从 $CH_3COONa+NaOH \xrightarrow[\triangle]{CaO} CH_4\uparrow +Na_2CO_3$ 反应部位可知，羧酸盐在一定条件下都能与 NaOH 发生取代反应：

3.理顺衍生关系，编织知识网络

不同类型的有机物之间，不是彼此孤立的，而是有联系的，它们之间往往存在相互转化的衍生关系，我们在复习中必须理顺常见有机物间的衍生关

系，通过编织知识网络来建立较为丰富的知识体系。常见的有机物之间有以下衍生关系：

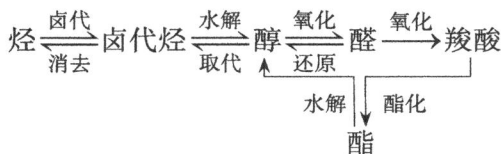

$$\text{烃} \underset{\text{消去}}{\overset{\text{卤代}}{\rightleftharpoons}} \text{卤代烃} \underset{\text{取代}}{\overset{\text{水解}}{\rightleftharpoons}} \text{醇} \underset{\text{还原}}{\overset{\text{氧化}}{\rightleftharpoons}} \text{醛} \overset{\text{氧化}}{\longrightarrow} \text{羧酸}$$

$$\text{醇} \overset{\text{水解}}{\underset{}{}} \quad \overset{\text{酯化}}{\downarrow} \quad \text{酯}$$

（1）复习中要注意通过"性质—制法"这条线索，加强有机物之间的联系。一种有机物的性质可能是另一种有机物的制法，如乙醇的脱氢氧化即是工业制乙醛的方法，乙醇与乙酸的酯化反应即是乙酸乙酯的制备原理。

（2）复习中要掌握一般衍生物关系中的特殊关系，使知识网络更加明晰。如，醇发生消去反应生成烃，丁烷可以制乙酸，羟基在链端的醇可被氧化为醛等，都是较为重要的特殊衍生关系，复习中要积累这方面的知识。

4.分析异构方式，认识同分异构现象

同分异构体的书写或同分异构体数目的确定是有机化学的重难点之一，也是中学生必备的基本能力。如何认识同分异构现象，提高解题能力，在复习中要注意结合实例分析常见的同分异构体的异构方式，在分析中模仿、创造，总结经验，学习技巧。

（1）要结合常见的有机物类型，分析同分异构的一般方式，如烷烃只有碳链异构，烯、炔、醇、醛、羧酸既有碳链异构，还有官能团的位置异构和类别异构等。

（2）要结合具体物质认识几种特殊的异构方式，硝基烷与氨基酸同分异构。如，C_7H_8O 共有 3 类 5 种同分异构体。由于"—COOH"可以拆为"$\overset{O}{\underset{\parallel}{-C-}}$"和"—OH"，$C_7H_6O$ 对应的芳香族化合物也有 3 类（羧酸、酯及酚醛）5 种。

（3）要通过分析各种异构方式，将积累的经验迁移到实际中去。如，可通过确定含两个"—CH_3"一氯戊烷数目的方法，来解决含四个"—CH_3"的 C_7H_{16} 的分子种类多少问题。

5.研究实验过程，学会实验分析

有机化学系列实验经常出现在各类考试题中，考核的内容往往以实验分析为主，特别是副产物的产生要分析实验现象，还有实验异常现象分析、失败原因分析、过程异常分析等。因此，有机化学实验复习，不能孤立于有关的实验过程之外，要认真研究实验过程，通过全面分析实验过程来提高实验分析能力。

（1）要注意捕捉实验过程中的异常，并设法解释异常。如实验室制乙烯过程中往往有两个异常，一是浓硫酸与乙醇混合后，溶液由无色变棕色；二是加热不到170 ℃便有可使溴水褪色的气体产生。显然，第一个异常是由于乙醇的炭化，第二个异常是因为产生了SO_2气体。

（2）要对实验条件的选择、反应物的加入方式、装置的装配，以及副产物的出现等，多想多思，多问为什么。如制溴苯的装置中的长导管的作用是什么；制硝基苯为什么要水浴加热，银镜反应也需要水浴加热，原理是否相同；等等。

6.培养自学习惯，提高解题能力

有机化学试题多数是以信息给予题（又称材料题）形式出现的，信息给予题则要求考生通过"现场自学"有关信息，结合旧有知识实现解题，它是考核考生自学能力的一类重要题型。由于有机信息题多与现代科技成果相联系，"信息"也是一年一新，因此，有机化学复习没有必要将所有"信息"一一掌握，更不能做遍每一个信息给予题，必须注重培养良好的自学习惯，不断提高自学能力。

有机化学复习过程中，良好自学习惯的培养往往是通过解答典型有机信息题来实现的。在解题中：

（1）稳定情绪，怀着一颗平常心认真研读题给信息，不能因一时的"丈二和尚摸不着头脑"而紧张恐慌，因为新信息要么与解题无关，要么可以通过自学。

（2）要结合题干要求，分析信息，加工信息，并对信息进行思维处理，将有价值的信息迅速准确地迁移到要解决的实际问题中去。

7.立足典型计算，总结计算规律

有机化学计算与无机化学计算相比，有许多特殊性：①很少依据特定的化学方程式解题；②对逻辑思维能力要求较高；③计算题型多，计算量小。因此，在有机化学复习过程中，要安排一定的时间去熟悉典型的计算题型，在解题过程中总结有关规律，这是有机化学计算复习省力、省时的方法。

化学科学普及

常见化学污染物与职业病

职业病是指企业、事业单位和个体经济组织等用人单位的劳动者在职业活动中，因接触粉尘、放射性物质和其他有毒、有害因素而引起的疾病。在规定的职业病中，部分职业病发病原因是劳动者长期接触化学污染物。这些化学污染物或化学毒物也是化学实验及日常生活中常见的安全隐患，切不可掉以轻心。本文就常见化学污染物的侵入途径、临床表现，以及治疗与处理作相关介绍。

一、有毒非金属及其化合物与职业病

劳动者长期与某些非金属及其化合物接触，会引起职业病。常见的能引起职业病的非金属及其化合物有：磷化氢、砷化氢、硫化氢、氨、氮氧化物、一氧化碳等。

（一）磷化氢

侵入途径：经呼吸道吸收。口服磷化锌入胃时，遇胃酸放出磷化氢气体，经由胃肠道吸收进入血液。

临床表现：急性磷化氢中毒是吸入磷化氢气体后（或误服磷化锌后）引起的以神经系统、呼吸系统损害为主的全身性疾病。

治疗与处理：立即脱离现场，按一般急救常规处理。口服磷化锌者，应积极催吐、洗胃、导泻以排除胃肠道内残留毒物。保护重要器官功能，给予足够营养及维生素。

（二）砷化氢

侵入途径：由呼吸道吸入。

临床表现：主要为不同程度的急性溶血和肾脏损害。

治疗与处理：早期可使用大剂量肾上腺糖皮质激素，并用碱性药物使尿液碱化。重度中毒肾功能损害明显者，需用透析疗法，根据溶血程度和速度，必要时可采用换血疗法。

（三）硫化氢

侵入途径：硫化氢经黏膜吸收快，皮肤吸收甚少。

临床表现：急性硫化氢中毒一般发病迅速，出现以脑和呼吸系统损害为主的临床表现，亦可伴有心脏等器官功能障碍。

治疗与处理：（1）现场抢救极为重要，应立即使患者脱离现场至空气新鲜处，有条件时立即给予吸氧；（2）维持生命体征；（3）以对症、支持治疗为主。

（四）氨

侵入途径：主要经呼吸道吸入。

临床表现：出现轻度眼和上呼吸道刺激症状，可伴有头晕、头痛、恶心、呕吐、乏力等，可出现紫绀、眼结膜及咽部充血及水肿、呼吸频率快等。严重者发生肺水肿、成人呼吸窘迫综合征，喉水肿痉挛或支气管黏膜坏死脱落致窒息，还可并发气胸、纵隔气肿，吸入极高浓度可迅速致人死亡。眼接触液氨或高浓度氨气可引起灼伤，严重者可发生角膜穿孔。皮肤接触液氨可致灼伤。

治疗与处理：应迅速脱离现场至空气新鲜处。维持呼吸功能，卧床静息。及时观察血气分析及胸部X射线片变化。防止肺水肿、喉痉挛或支气管黏膜脱落造成窒息，合理氧疗。

（五）氮氧化物

侵入途径：主要经呼吸道吸入。

临床表现：吸入气体当时可无明显症状或有眼及上呼吸道刺激症状。常经6～7小时潜伏期后出现迟发性肺水肿、成人呼吸窘迫综合征，可并发气胸及纵隔气肿。

治疗与处理：急性中毒后应迅速脱离现场至空气新鲜处。立即吸氧，及时观察胸部X射线片变化及血气分析，对症、支持治疗，积极防治肺水肿，给予合理氧疗，早期、适量、短程应用糖皮质激素，合理应用抗生素。

（六）一氧化碳

侵入途径：经呼吸道吸入。

临床表现：轻、中度中毒的主要表现为头痛、头昏、心悸、恶心、呕吐、四肢乏力、意识模糊，甚至昏迷，但昏迷持续时间短。重度中毒者意识障碍程度达深昏迷或去大脑皮质状态，部分患者可并发脑水肿、肺水肿、严重的心肌损害、休克、呼吸衰竭、上消化道出血、皮肤水泡或成片的皮肤红肿、肌肉肿胀坏死、肝肾严重损害等。

治疗与处理：迅速移至空气新鲜处。对中毒者采用解除脑水肿、改善脑血循环的治疗药物，维持呼吸循环功能及镇痉等。对迟发脑病患者，治疗方法包括高压氧、糖皮质激素、血管扩张剂、神经细胞营养药及抗帕金森病药物等。对中、重度中毒患者昏迷清醒后，应卧床休息2周，在观察的2个月期间，暂时脱离与一氧化碳相关的作业。

二、有毒金属及其化合物与相应的职业病

劳动者在与以下金属及其化合物的长期接触中，也会引起相应的职业病：五氧化二钒、镉及其化合物、锰及其化合物、铅及其化合物、镍及其化

合物、有机锡。

（一）五氧化二钒

侵入途径：可经呼吸道、消化道进入体内。

临床表现：吸入过量 V_2O_5 粉尘后可出现鼻痒，随之可出现鼻塞或流清鼻涕，出现咽部、肺部和眼黏膜的刺激症状，可有头晕、头痛、乏力，少数严重病例有烦躁或嗜睡等。检查时可见眼、鼻、咽部黏膜充血，肺有哮鸣音，舌苔呈黑绿色。

治疗与处理：对症治疗，可用巯基类药物或依地酸二钠钙治疗。亦可试服大量维生素 C。

（二）镉及其化合物

侵入途径：可经呼吸道、消化道进入体内。

临床表现：短时间内吸入高浓度氧化镉烟尘，可出现全身无力、头晕、头痛、发热、寒颤、四肢酸痛、伴有呼吸道黏膜刺激症状，重症者发生化学性肺炎或肺水肿，表现为胸痛、胸闷、剧烈咳嗽、咳大量黏痰或带血性痰或粉红色泡沫样痰、呼吸困难、发绀，甚至高热。极严重者出现呼吸和循环衰竭。急性口服中毒以胃肠道症状为主。

治疗与处理：吸入中毒时迅速移离现场、保持安静、卧床休息，并给予氧气吸入，保持呼吸道通畅，积极防治化学性肺炎和肺水肿，早期给予短程大剂量糖皮质激素。口服中毒应立即用温水洗胃，卧床休息，并给予对症和支持治疗。

（三）锰及其化合物

侵入途径：经呼吸道进入人体。

临床表现：吸入大量氧化锰烟雾后，出现头晕、头痛、乏力、恶心、胸闷、咽干、气短、发热等，严重者可有畏寒、寒颤。短期内吸入高浓度锰化合物，可引起化学性支气管炎和肺炎。

治疗与处理：给予对症处理，如大量饮水、适当补液、高热时可适量服用解热镇痛药等，化学性支气管炎和肺炎患者应脱离接触，并给予对症治疗。

（四）铅及其化合物

侵入途径：可经呼吸道、消化道和皮肤吸收。

临床表现：神经系统症状主要表现为神经衰弱、多发性神经病和脑病。消化系统症状轻者表现为一般消化道症状，重者出现腹绞痛。血液系统症状主要是铅干扰血红蛋白合成过程而引起其代谢产物变化。

治疗与处理：对慢性铅中毒主要采用驱铅治疗，常用 $CaNa_2EDTA$ 或 $CaNa_3DTPA$ 1.0 g，静脉滴注或静脉推注或肌肉注射。

（五）镍及其化合物

侵入途径：可经呼吸道与皮肤吸收。

临床表现：镍及其水溶性化合物具有致敏性，某些镍化合物具有潜在致癌性。接触金属镍粉和硫酸镍等，均可引起变应性皮炎。吸入高浓度羰基镍后，可出现头痛、头晕、乏力、视物模糊、恶心、咽干、胸闷、胸痛等症状，还可出现中度发热、畏寒、嗜睡、意识模糊等，严重者可出现高热、抽搐、昏迷及心、肝损害。

治疗与处理：重度中毒者，可用二乙基二硫代氨基甲酸钠静脉注射驱镍治疗。镍皮炎可按一般变应性接触性皮炎处理，镍引起的呼吸道损害，给予对症治疗。

（六）有机锡

侵入途径：有机锡一般可经呼吸道吸收，经皮肤和消化道吸收的程度因其种类而异。

临床表现：急性三甲基锡中毒，以边缘系统和小脑功能障碍为主要表现，可伴有轻度肢体感觉异常，症状有头痛、头晕、视物模糊、记忆减退、失眠或嗜睡等。急性三乙基锡和四乙基锡中毒，主要临床表现为脑水肿及颅内压增高。

治疗与处理:目前尚无特效治疗,主要给予对症、支持治疗。早期应用肾上腺糖皮质激素和利尿剂,必要时可用高压氧治疗。

三、有毒有机物与职业病

下列有机物也会引起职业病:溶剂汽油、苯、甲苯、三氯乙烯、四氯乙烯、硫酸二甲酯、苯胺、溴甲烷。

（一）溶剂汽油

侵入途径:经呼吸道呼吸和皮肤接触进入体内。

临床表现:短时间吸入高浓度汽油蒸气或长期吸入汽油蒸气以及皮肤接触汽油,出现以中枢神经或周围神经受损为主的临床表现,具有头痛、头晕、记忆力减退、失眠、乏力、心悸、多汗等神经衰弱综合征,严重者出现四肢远端麻木,出现手套、袜套样分布的痛、触觉减退等中毒性脑病,还可出现表情淡漠、反应迟钝、记忆力差、计算力丧失等中毒性精神病。

治疗与处理:每年进行体检一次,重点进行神经系统检查,尽可能作神经-肌电图检查。慢性中毒患者应调离汽油作业,定期复查。中毒者,根据病情进行综合对症治疗,汽油吸入性肺炎可给予短程糖皮质激素治疗及对症处理。

（二）苯

侵入途径:苯蒸气可经呼吸道吸收,液体经消化道吸收完全。皮肤可吸收少量。

临床表现:短时间内吸入大量苯蒸气或口服多量液态苯后出现兴奋或醉酒感,伴有黏膜刺激症状,可有头晕、头痛、恶心、呕吐、步态不稳等症状。重症者可有昏迷、抽搐、呼吸及循环衰竭。短期内吸入较高浓度后可出现头晕、头痛、乏力、失眠等症状。1~2月后可发生再生障碍性贫血。

治疗与处理:立即脱离现场至空气新鲜处,用肥皂水或清水冲洗被污染的皮肤。中毒者应卧床静息,对症、支持治疗,可给予葡萄糖醛酸,注意防治脑水肿,心搏未停者忌用肾上腺素。对再生障碍性贫血,可给予少量多次输血及糖皮质激素治疗。

（三）甲苯

侵入途径：可经呼吸道和消化道吸收，经皮肤吸收不易达到急性中毒剂量。

临床表现：吸入较高浓度甲苯蒸气后，有头晕、头痛、恶心、呕吐、四肢无力、意识模糊、步态蹒跚等症状，重症者有躁动、抽搐或昏迷，并伴有眼和上呼吸道刺激症状，可出现眼结膜和咽部充血。直接吸入液体后可出现肺炎、肺水肿、肺出血及麻醉等症状。

治疗与处理：吸入较高浓度甲苯蒸气者立即脱离现场至空气新鲜处。有症状者给予吸氧，密切观察病情变化，对症处理，可用葡萄糖醛酸。有意识障碍或抽搐时，注意防治脑水肿，心跳未停者忌用肾上腺素。直接吸入液体者给予吸氧，应用抗生素预防肺部感染，对症处理。

（四）三氯乙烯

侵入途径：主要经呼吸道侵入机体，也可经消化道和皮肤吸收。

临床表现：中毒以头晕、头痛等中枢神经系统症状为起点，轻度中毒有欣快感、易激动、步态不稳、嗜睡、蒙眬状态或短暂的浅昏迷，有时有呕吐。重度中毒者会出现昏迷，以三叉神经为主的颅神经损害和明显的心、肝、肾等单一的或多脏器的损害。

治疗与处理：卧床休息，急救措施和对症治疗原则与内科相同。有昏迷、心跳及呼吸停止者应迅速进行脑、心、肺复苏；有中枢及周围神经损害者，其治疗与神经科同。可适当使用糖皮质激素。注意保护肝、肾功能，忌用肾上腺素。

（五）四氯乙烯

侵入途径：通过呼吸道吸入和皮肤接触进入人体。

临床表现：主要损害中枢神经、肺、皮肤、黏膜、消化道、肝和肾等。表现为头痛、眩晕、颤抖、恶心、呕吐、疲劳和失去知觉等，严重时会造成死亡。接触四氯乙烯，会使皮肤脂肪脱除，使皮肤干燥，易受细菌感染，造成皮炎，以致引起中毒。

治疗与处理：急救措施和对症治疗原则与内科相同。同时，注意干洗车间的通风换气，应佩戴好防毒口罩和保护手套，不能在使用四氯乙烯的现场吸烟、进餐等。干洗后的衣物需要放在通风处一周后才能穿着与使用。

（六）硫酸二甲酯

侵入途径：主要经呼吸道吸入，也可经皮肤吸入。

临床表现：中毒时受损的主要靶器官是眼和呼吸系统，表现为急性结膜炎、角膜炎、咽喉炎、气管炎、支气管炎或支气管周围炎，重症表现为肺炎、肺水肿。

治疗与处理：迅速脱离现场。中毒患者应卧床休息，保持安静，严密观察病情，急救治疗包括合理吸氧，给予支气管舒缓剂和止咳祛痰剂。肾上腺糖皮质激素的应用要早期、适量、短程，早期给予抗生素，必要时可给予镇静剂。

（七）苯胺

侵入途径：可经皮肤、呼吸道和消化道吸收。

临床表现：轻度中毒者，紫绀、乏力、头痛、头晕等，中度中毒紫绀明显，还有恶心、食欲下降，有时有呕吐、心悸、气急，脉率加快；重度中毒者，呼吸加快，意识障碍，抽搐，有严重溶血性贫血和肝、肾损害等。最重度中毒还会出现昏迷甚至死亡。

治疗与处理：迅速将患者脱离现场至空气新鲜处，给予对症治疗。若皮肤接触时，则可用肥皂和清水冲洗。有紫绀时，应立即给予氧气吸入，维持心血管功能。口服碳酸氢钠，防止血红蛋白在肾小管沉积而影响肾功能。

（八）溴甲烷

侵入途径：以呼吸道吸入为主，皮肤沾染溴甲烷液体也可经皮肤吸收。

临床表现：轻度中毒可有头痛、无力、全身不适、晕眩、恶心、呕吐、视物不清或视力减退等，还有咳嗽、胸闷、呼吸困难、紫绀等症状。重者很快发展成肺水肿或有抽搐、昏迷等。

治疗与处理：无特效解毒剂。接触者应立即脱离现场，污染的皮肤用大量清水冲洗。急性中毒患者以支持治疗为主，并按临床表现给予对症治疗。注意防治迟发性脑水肿和肺水肿。

"非典"消毒与化学消毒剂

"非典"病毒主要靠接触和空气飞沫传播，传播速度快、发病率高、没有特效的预防及治疗药物，曾夺走了数百条生命。为了及时控制"非典"的进一步蔓延，国家和地方都分别出台了一系列针对"非典"防治的法律法规，提出了"早发现、早报告、早隔离、早治疗，迅速切断传播途径"的预防措施。国家疾病控制中心于2003年5月1日下发了《公共场所、学校、托幼机构传染性非典型肺炎预防性消毒措施指导原则（试行）》和《各种污染物的常用消毒方法（试行）》，以指导、规范公共场所、学校和托幼机构的预防性消毒工作，有效预防和控制病毒在公共场所和学校和托幼机构等人员聚集性活动场所的传播，并指导性地针对不同场所、不同情况下的环境消毒，提出了具体的消毒方案，特别指出过氧乙酸、环氧乙烷、二溴海因、苯扎溴铵、碘伏、氯己定、戊二醛、二氧化氯、次氯酸钠、漂白粉等化学消毒剂的规格、配比及使用。现以过氧乙酸为重点，介绍能有效预防"非典"的化学消毒剂的化学成分、制备、性质、使用及其注意事项等。

一、过氧乙酸消毒剂

过氧乙酸的水溶液是一种广谱速效的化学灭菌消毒剂，对细菌、病毒、霉菌和芽孢均有效。由于其分解产物是醋酸、水和氧气，物品消毒后一般不需洗涤，低浓度的溶液还可用于人体皮肤、织物的消毒，因此，过氧乙酸被用作"非典"预防的首选化学消毒剂。

（一）过氧乙酸的性质和用途

过氧乙酸，英文名为 Peracetic Acid，别名有过醋酸、过乙酸和过氧化醋酸。其分子式为 $C_2H_4O_3$，结构简式为 CH_3COOOH，因含有过氧基而有强氧化性。

过氧乙酸为无色液体，有强烈刺激性气味，熔点 0.1 ℃，沸点 105 ℃，能与水、醇、醚混溶。化学性质极不稳定，温度稍高即可分解放出氧气，加热到 110 ℃发生强烈爆炸，即使在 -20 ℃下，仍有爆炸的危险。过氧乙酸是一种强氧化剂，能使烯烃氧化成环氧化物，能使醛、酮发生拜尔–维利格（Baeyer-Villiger）氧化，分别生成羧酸和酯，过氧乙酸则被还原为乙酸。过氧乙酸对皮肤也有强烈刺激性和腐蚀作用。

过氧乙酸主要用于织物、纸张、油脂、石蜡、淀粉等的脱色剂。在有机合成中作为氧化剂和环氧化剂（如用于环氧丙烷、甘油、己内酰胺、环氧增塑剂的合成），还用作环境的杀菌消毒剂。

（二）过氧乙酸的制法

过氧乙酸通常有三种制备方法。

1.臭氧氧化法

向乙醛的醋酸溶液中通入臭氧：$2CH_3CHO + 2O_3 \rightarrow 2CH_3COOOH + O_2$。

2.过氧化氢氧化法

过氧化氢在浓硫酸催化下可将乙酸氧化为过氧乙酸。由于此反应为可逆反应，制备无水过氧乙酸需在非水溶液中进行，消毒用的过氧乙酸则只需将过氧化氢与含有硫酸的乙酸混合，经历 24 小时即可达到反应平衡，其反应

的化学方程式为 $CH_3COOH+H_2O_2 \rightarrow CH_3COOOH+H_2O$。

3.酰卤或酸酐的过氧化钠氧化法

酰卤或酸酐在含水乙醇中与过氧化钠发生反应,也可以生成过氧乙酸。

（三）过氧乙酸消毒液的配制

过氧乙酸消毒液分为配合型、混合型两种。

1.配合型

取555 mL（约582g）冰醋酸与98%浓硫酸22 g混合成A剂,在搅拌情况下,以适当速度加入过氧化氢溶液500 mL（含 H_2O_2 约165 g）（B剂）,反应4 h并放置24 h左右,制得浓度约为15%的过氧乙酸溶液,用水稀释至0.1%~0.5%即可用于日常消毒。如果用乙醇稀释,使其含乙醇20%,可增强杀菌效果,并且可以防冻,适于0 ℃以下使用。

2.混合型

将冰醋酸与浓硫酸、过氧化氢溶液按上述比例混合,为防止过氧乙酸分解,通常加入稳定剂8-羟基喹啉（含量在0.1%~0.3%）,使其分解率不超过20%,常温下可存放约180天。

（四）过氧乙酸消毒液的使用

在预防"非典"的过程中,过氧乙酸消毒液的常见消毒方法常有以下三种。

1.浸泡消毒

塑料、玻璃等耐酸用具,被褥、衣服等通常使用0.5%左右过氧乙酸的水溶液浸泡消毒,电器、家具等常用0.2%~0.5%过氧乙酸擦拭消毒。

2.喷雾消毒

各种用具、运输工具和室内外的门窗、地面、墙壁等使用0.3%~0.5%的水溶液用于喷雾消毒,消毒时消毒人员应戴防护眼镜、手套、口罩,喷洒后应密闭门窗1~2 h。

3.熏蒸消毒

室内空气使用15%水溶液加热熏蒸消毒,用量为7 mL/m³,并关闭门窗

1~2 h，熏蒸时要保持室内60%～80%的相对湿度。

但使用过氧乙酸消毒时应注意：①浓过氧乙酸、双氧水及冰醋酸均有腐蚀性，配制过程中应戴橡胶手套操作。②冰醋酸易挥发，配制要在通风条件下进行。③过氧乙酸和双氧水不仅易分解，而且是强氧化剂，制备及贮存时应避光，并远离热源。④反应过程为放热反应，双氧水的加入速度不宜太快。⑤浓过氧乙酸溶液最好贮存在塑料瓶中，以防止其分解放出氧气引起玻璃瓶内压强过高而发生爆炸。⑥浓过氧乙酸、双氧水及浓醋酸均为危险品，应合理放置。

二、含卤消毒剂

含卤消毒剂是一类十分重要的化学消毒剂，不仅用途广泛，而且种类繁多。常用的含卤消毒剂有：二溴海因、二氧化氯、次氯酸盐、新洁尔灭、碘伏、氯己定等。

（一）二溴海因

二溴海因的化学名称是1,3-二溴-5,5-二甲基海因（DBDMH），其分子式为$C_5H_6Br_2N_2O_2$。

二溴海因为白色或淡黄色结晶粉末，是一种特殊的溴化剂，广泛应用于化工及制药工业中的烯丙基、苄基化合物和活泼芳环上的溴化，双键上的溴或溴氢化加成以及仲醇的选择性氧化反应，也用作杀菌消毒剂或卫生洗涤剂等。与二溴海因具有相似性质的还有二氯海因（1,3-二氯-5,5-二甲基海因）和氯溴海因（1-溴-3-氯-5,5-二甲基海因）。

预防"非典"时，二溴海因主要用于室（内）外和餐（饮）具消毒。室（内）外消毒用含有效溴为500～1000 mg/L二溴海因溶液喷雾，餐（饮）具主要用有效溴为250～500 mg/L二溴海因溶液浸泡消毒。

（二）二氧化氯

二氧化氯（分子式为ClO_2）被誉为第四代化学杀菌消毒剂，是目前使用的化学消毒剂中理想的消毒剂。

二氧化氯主要用于对饮用水的消毒、空气的杀菌和厨房用具、食品机械设备的消毒等。预防"非典"时可用含有效氯200 mg/L二氧化氯溶液浸泡经常使用或触摸的物品、餐饮用具等。

（三）次氯酸盐

次氯酸盐也是极为常见的化学消毒剂，市场上常有漂白粉和次氯酸钠溶液两种制剂。

漂白粉是最常用的含氯消毒剂，其主要成分为次氯酸钙，其杀菌作用决定于次氯酸钙中含有效氯的量。漂白粉有乳剂、澄清液、粉剂三种剂型。预防"非典"时，用于浸泡、清洗、擦拭、喷洒地面、门窗、墙面的消毒液，其有效氯应为1000～2000 mg/L，衣物、被褥、餐具等要用含有效氯为250～500 mg/L含制剂溶液浸泡30分钟。

次氯酸钠溶液为黄绿色透明液体，具有与氯气相似的刺激性气味。成品次氯酸钠溶液有效氯的含量大于等于10.0%，市场上销售的"84"消毒液是以次氯酸钠与表面活性剂为主要原料，配制而成具有去污作用的杀菌洗涤消毒剂。次氯酸钠溶液主要用于自来水、蔬菜、果品、餐具、医疗器具等的消毒。预防"非典"时，次氯酸钠溶液消毒方法与漂白粉相似。

（四）新洁尔灭

新洁尔灭（又称苯扎溴铵溶液）是一种表面活性很强的化学杀菌消毒剂，化学名称为十二烷基二甲基苄基溴化铵，它是洁尔灭（十二烷基二甲基苄基氯化铵）的新一代产品，通常为淡黄色胶状液，易溶于水，水溶液呈碱性，性质稳定，摇动时产生大量泡沫。常用作杀菌剂、灭藻剂、消毒剂。

（五）碘伏

碘伏，又称聚维酮碘、聚乙烯吡咯烷酮碘等，市售产品为黄棕色至红棕色无定形粉末。它是碘与表面活性剂、灭菌增效剂经独特工艺络合而成的一种高效、广谱、无毒、稳定性好的新型消毒剂。

该产品对有害细菌及繁殖体等具有较强的杀灭作用，并对创伤具有洗消、止血、加快黏膜再生之功能。主要用于皮肤、黏膜、创口和体腔等的局部消毒。预防"非典"时，主要用于皮肤的消毒处理。通常用0.5%碘伏溶液（含有效碘5000 mg/L）作用于手与皮肤1～3 min。

（六）氯己定

氯己定，别名洗必泰、双氯双胍己烷。常用其醋酸盐，醋酸氯己定的分子式为$C_{22}H_{30}Cl_2N_{10} \cdot 2C_2H_4O_2$。市售品为白色粉末，无臭，味苦。

临床上主要用于手术前洗手浸泡消毒，手术区与其他部位皮肤与黏膜消毒，创伤伤口、烧伤创面处理和物品表面室内环境消毒。预防"非典"时常用0.5%氯己定溶液涂擦手或皮肤。

三、其他常用化学消毒剂

除了以上常用的消毒剂外，还有一些特殊的化学消毒剂，在预防"非典"方面也有作用。

（一）戊二醛

戊二醛，结构简式为$CHO(CH_2)_3CHO$，为无色或淡黄色油状液体，有微弱甲醛气味。市售戊二醛含量为25%～50%，呈中性，挥发性弱，可与水混合，常用浓度为2%。

戊二醛为快速高效消毒剂，其杀菌机制是对含硫微生物的蛋白质产生作用。临床用于外科、麻醉科、牙科器械及橡胶、塑料器具等的消毒。

（二）环氧乙烷

环氧乙烷，分子式为C_2H_4O，低温下为无色透明液体，沸点10.8 ℃，常温下为气体，贮于钢瓶、耐压铝瓶或玻璃瓶内。

环氧乙烷是一种气体灭菌剂，其气体穿透力强，有较强的杀菌能力，对细菌芽孢、病毒、真菌也有很好的灭杀作用，可用于皮毛、皮革、丝毛织品、医疗用精密器械等的熏蒸消毒。消毒时可将被消毒物品置于环氧乙烷消毒柜中，在温度为54 ℃，相对湿度为80%条件下，用环氧乙烷气体（800

mg/L）消毒4～6 h。预防"非典"时，需要消毒的被褥、书籍等可用环氧乙烷与二氧化碳混合气简易熏蒸。

（三）来苏儿

来苏儿，又称煤酚皂溶液，为红棕色黏稠液体，有酚臭。来苏儿可溶于水，性质稳定，可杀灭细菌繁殖体与某些亲脂病毒。

来苏儿通常配制成1%～5%溶液使用，衣服、被单用1%～3%溶液浸泡30～60 min，再用水洗净。室内家具、便器、运输工具等也可用1%～3%溶液擦拭或喷洒，保持30～40 min。手与皮肤可用2%溶液浸泡2 min后，用清水洗净。

再谈脲醛树脂胶黏剂

脲醛树脂胶黏剂是尿素与甲醛在催化剂（碱性催化剂或酸性催化剂）作用下，缩聚成初期脲醛树脂，然后再在固化剂或助剂作用下，形成不溶的树脂型胶黏剂。脲醛树脂胶黏剂制造简单、使用方便、成本低廉、性能良好，已成为我国人造板生产的主要胶种，但脲醛树脂在使用中带来的居室污染等问题越来越引起人们的重视。

一、常见的甲醛系木材胶黏剂

常用的木材胶黏剂可分为合成树脂胶、天然树脂胶和无机胶黏剂，按使用工艺特点可分为冷固胶（室温固化胶黏剂，固化温度20～30 ℃）、热固胶（高温固化胶黏剂，固化温度90～180 ℃）和热熔胶。合成树脂胶又分为甲醛系合成树脂与非甲醛系合成树脂。甲醛系合成树脂，包括脲醛树脂（UF）、酚醛树脂（PF）、三聚氰胺-甲醛树脂（MF）、间苯二酚-苯酚-甲醛树脂（RF）、木素磺酸盐-苯酚-甲醛树脂（LPF）等。脲醛树脂、酚醛树脂均有冷固胶和热固胶之分，三聚氰胺-甲醛树脂为热固胶，间苯二酚-苯酚-甲醛树脂为冷固胶。

表1 2000年人造板用胶黏剂的品种和世界市场

名称	用途	相对分子质量范围	世界耗量/万吨
UF	室内	1000~10000	>250
MF	室内/室外	300~6000	25
PF	室外	清漆200~1000	75
		甲醛树脂300~3000	
RF	室外	300~2000	0.6

表2 我国人造板工业用胶黏剂情况

年份	总产量/万吨	UF		PF		MF	
		用量/万吨	比例	用量/万吨	比例	用量/万吨	比例
1985	8.8	6.0	68.2%	2.2	25%	0.6	6.8%
1990	20.2	15.0	74.3%	4.0	19.8%	1.2	5.9%
2000	40.5	30.0	74.1%	8.2	20.2%	2.3	5.7%

由表1和表2可知，甲醛系胶黏剂的脲醛树脂胶、酚醛树脂胶和三聚氰胺-甲醛树脂胶是人造板工业应用最多的三大合成胶种，其中脲醛树脂是最主要的产品。脲醛胶之所以长期以来占据木材工业胶黏剂的主导地位主要是因为其具有价格便宜，黏结力强，固化速度快，高浓度时黏度低，无色或颜色很浅，与水混溶性好，易于调制适当黏度，制造方便等优点。同时，可以方便地通过加入不同的助剂来改善脲醛胶的工艺性能和功能。

二、脲醛胶的改性

尽管脲醛胶有很多优点，但也存在一些缺点，主要是耐水性差、耐老化性差，产品使用过程中存在甲醛释放问题，造成对环境的污染和危害。为了克服这些缺点，有关科研院所进行了大量的研究和实验工作，使脲醛树脂改性取得了一定的成果。

由于脲醛树脂分子中含有亲水性的羟甲基（–CH₂OH）、氨基（–NH₂）和亚氨基（–NH–）等基团，所以，其耐水性较酚醛树脂和三聚氰胺–甲醛树脂差，固化后的脲醛树脂在水和热作用下可以缓慢水解使胶合强度下降。因此，脲醛胶只能作为室内使用的二类胶。固化后的脲醛树脂中仍存在羟甲基，由于羟甲基的亲水性，会产生吸水、脱水作用，小分子量的树脂水解使化学键断裂，胶层破坏。尤其是纯脲醛树脂固化后，经过一定时间，胶层会发生龟裂并且胶合强度下降。因此，脲醛胶必须经过改性以后才能用于胶合板材生产。

常见的改进方法有：（1）树脂合成时加改性剂，如改善耐水性的方法一般是在脲醛胶合成时加入一定量的三聚氰胺、苯酚、间苯二酚、硫脲和单宁等进行共缩，也可以在配胶时加酚醛树脂、三聚氰胺–甲醛树脂等；（2）脲醛树脂与热塑性树脂混合，如加入聚醋酸乙烯酯乳液，减少脲醛树脂的脆性，减少龟裂，提高耐老化性；（3）加填料或活性填料，加填料或活性填料可减少树脂收缩，减缓固化后胶层的应力集中现象，避免胶层龟裂，填料主要有磺化木素粉、花生壳粉、淀粉、硅藻土、镁铝硅酸盐等；（4）选用合适固化剂，由于酸性强的固化剂易使树脂老化，应选酸性较弱的固化剂。以下数据反映的是脲醛胶经不同方法改性以后的实际效果。

表3　改性脲醛树脂的耐老化性

树脂类别	胶合2天后胶合强度/MPa	胶合8个月后胶合强度/MPa	保持率
纯脲醛树脂	9.88	8.92	90.0%
聚乙烯醇改性脲醛树脂	11.53	11.48	99.6%
硫脲改性脲醛树脂	11.16	9.98	89.4%

表4　聚醋酸乙烯酯改性脲醛胶耐老化性能效果

胶黏剂重量占比		初始胶合强度/MPa	2年后胶合强度/MPa	3年后胶合强度/MPa	保持率
聚醋酸乙烯酯	脲醛树脂				
0	100%	11.7	8.0	7.2	61.2%

续 表

胶黏剂重量占比		初始胶合强度/MPa	2年后胶合强度/MPa	3年后胶合强度/MPa	保持率
聚醋酸乙烯酯	脲醛树脂				
10%	90%	10.4	8.4	8.0	77.7%
30%	70%	10.6	8.8	8.5	80.3%
50%	50%	10.2	9.2	8.7	85.2%

表5 填料改善脲醛树脂耐老化性能的效果

胶合试验		胶合强度/MPa			
胶层厚度	填料	3天	10天	20天	30天
0.5 mm	有	7.30	7.04	7.00	7.40
	无	7.10	6.50	6.054	5.34
1.0 mm	有	7.03	7.04	6.74	6.95
	无	4.51	1.60	0.50	0

三、游离醛的产生及减少危害的办法

脲醛树脂在固化过程中和在制成板材后的使用过程中会不断释放出甲醛，对环境造成污染，并对人的健康造成危害。近年来，随着人们环境保护意识的增强，各国对于木材工业如何控制胶黏剂生产的甲醛释放问题尤为重视，对于人造板甲醛释放量制定了较为严格的法律法规。为此，我国编制了《室内装饰装修材料人造板及其制品中甲醛释放限量》的国家标准，这一标准的宣传和实施对推动我国人造板工业的进步起到了积极的作用。相关研究部门不仅研究和开发了低毒脲醛胶，而且在通过改进胶黏剂的合成工艺或配方来最大限度减少胶合板材中的游离甲醛方面取得重大突破。

（一）板材中游离甲醛的产生

板材中的甲醛主要来自以下四个方面：（1）胶黏剂中未聚合的甲醛；（2）

脲醛树脂合成过程中二羟甲基脲缩聚生成二亚甲基醚键（–CH$_2$–O–CH$_2$–），并析出水和甲醛；（3）板材吸附的脲醛树脂固化转变成不溶的化合物时放出的水和甲醛；（4）板材中固化后的树脂缓慢降解释放出甲醛。

尽管板材可以吸附脲醛树脂中的一部分游离甲醛，多数的甲醛也在热压阶段逸散，但尚有一部分留存于板材之中。

（二）降低板材中甲醛释放量的方法

减少板材中游离甲醛的含量，是降低甲醛释放量最为有效的方法。减少脲醛树脂的游离醛含量更多的是采取化学方法：（1）通过改变尿素与甲醛的量的配比、改变合成工艺、加入可与甲醛反应的物质等方法降低脲醛树脂的游离醛含量；（2）在压板前调胶时加入甲醛捕捉剂，如尿素、三聚氰胺、铵盐、己内酰胺、丙烯酰胺等；（3）调胶时加入其他树脂，如间苯二酚甲醛树脂、三聚氰胺–甲醛树脂、聚醋酸乙烯等。

（三）消除甲醛污染技术

目前，消除甲醛污染的技术主要包括以下几方面：（1）物理技术，利用各种空气净化器，通过对室内甲醛等污染物质进行吸附而消除甲醛的污染方法；（2）催化技术，也称冷触媒技术，以多元多相催化为主，结合超微过滤，对室内甲醛等有害气体进行催化分解；（3）化学反应技术，以各种除味剂和甲醛捕捉剂为代表，通过化学反应，破坏甲醛气体的分子结构以达到提高室内空气质量的目的，最好结合装修工程使用，可以有效降低人造板材中的游离甲醛；（4）材料封闭技术，对于各种人造板中的甲醛，目前已经研制出一种封闭材料，称作甲醛封闭剂，用于家具和人造板材内的甲醛气体封闭，可涂刷于未经油漆处理的家具内壁板和人造板，可以减少各种人造板中的甲醛释放量。

（四）防止甲醛污染的办法

避免甲醛污染或减少甲醛的危害重在防，防止甲醛污染及减少甲醛危害的方法主要有：（1）注意室内通风换气，特别是新装修的房屋，一定要充分换气三周左右方可入住;(2)在使用人造板材和选择家具、壁纸(墙布)、化纤地毯、油漆、涂料、服装、箱包和鞋类时,要多从环保角度考虑,特别是甲醛含量高的大芯板要少用或不用。

从化学视角解读"环保民生指数"

"环保民生指数"定期向社会发布，这项指标由环保意识、环保行为、环保满意度3个一级指标、7个二级指标和18个三级指标构成，就可持续发展、食品安全、饮用水污染、空气污染、垃圾处理、绿化、噪声、江河湖泊污染、地球温室效应、土地污染、土地沙漠化、臭氧层变薄、房屋装修污染和生物物种减少等14类问题的调查结果，被称为中国公众环保意识与行为的"晴雨表"，它比较权威地反映了中国公民对各种环境问题的关注程度。近年来，公民环保意识不断增强，"谈食色变""饮水思危""忍气吞声"成为当前公众环保民生指数的三个关键词。特别是公众最为关注的食品安全问题、饮用水污染问题、空气污染问题，都是当前公众极为关心与关注的热点问题。现从化学视角对公众环保民生指数中除噪声以外的其他化学相关问题进行解读，以期进一步增强公众对化学与环境的认识，不断提高公众对环保的认知度。

一、江河湖泊污染及污染物

江河湖泊的主要污染主要来自工业生产、农业生产、家庭生活和服务行业等各个方面。工业生产的污水是指来自造纸、冶炼、化工等企业直接排放或虽经治理但未能达标排放的污水，以酸性污染或碱性污染、重金属污染和持久性有机污染物为主。农业生产的污水主要产生于不合理施肥造成的大范围的氮、磷流失和大量使用各种农药对水体的污染，农业生产污染已成了我国河流湖泊污染的新特点。城镇居民家庭生活污水，也在不断汇集到江河湖泊之中，主要污染物有油类、铵氮、磷酸盐、重金属、砷等。

具体来说，流入到江河湖泊的污染物主要有：（1）硫化物，来自地下水及生活污水，某些工矿企业，如焦化、造气、选矿、造纸、印染和造革等工业废水也含有硫化物；（2）氰化物，主要来源是电镀废水、焦炉和高炉的煤气洗涤水，合成氨、有色金属选矿、冶炼、化学纤维生产、制药等各种工业废水；（3）有机和无机化学药品，主要来自农用杀虫剂、除草剂、制胶废水等；（4）磷化物，来自含磷洗衣粉使用和磷氮化肥的大量施用；（5）石油化工洗涤剂，主要来自家庭和餐馆大量使用的餐具洗涤剂等；（6）重金属（汞、铅、镉、镍、硒、砷、铬、铊、铋、钒、金、铂、银等），主要来源是生活垃圾（如电池），以及一些冶金厂选矿、洗矿污水；（7）酸类，主要来自用于橡胶加工中橡胶凝固的甲酸，不经处理直接向河流中排放，以及制药工厂（如氨基酸生产）排放的酸度较强的废水。

江河湖泊污染的最直接危害是水体受到污染和富营养化。水体污染直接导致江河湖泊水体失去使用价值；水体富营养化，引起水中藻类疯长，引发水质变坏。

二、臭氧层空洞成因

臭氧层损耗是臭氧空洞的真正成因。人为消耗臭氧层的物质主要有：广泛用于冰箱和空调制冷、泡沫塑料发泡、电子器件清洗的氯氟烷烃，以及用于特殊场合灭火的溴氟烷烃等化学物质。这类物质可以扩散到大气的各个部位，但是到了平流层后，就会在太阳的紫外辐射下发生光化反应，释放出具有活性的游离氯原子或溴原子，参与导致臭氧损耗的一系列化学反应的发生：（1）$CF_xCl_{4-x}+h\nu \rightarrow \cdot CF_xCl_{3-x}+\cdot Cl$；（2）$\cdot Cl+O_3 \rightarrow \cdot ClO+O_2$；（3）$\cdot ClO+O \rightarrow$

$O_2 + \cdot Cl$。这样的反应循环不断,每个游离氯原子或溴原子最终可以破坏约10万个臭氧分子,这就是氯氟烷烃或溴氟烷烃破坏臭氧层的最直接原因。

国际组织《关于消耗臭氧层物质的蒙特利尔议定书》中规定了15种氯氟烷烃、3种哈龙、40种含氢氯氟烷烃、34种含氢溴氟烷烃、四氯化碳(CCl_4)、甲基氯仿(CH_3CCl_3)和甲基溴(CH_3Br)为控制使用的消耗臭氧层物质,也称受控物质。

近年来的研究发现,核爆炸、航空器发射、超音速飞机将大量的氮氧化物注入平流层中,也会引起臭氧浓度下降。

三、土地污染及其污染源

土地污染是指土地受到大气酸雨或富含有毒有害物质水的侵蚀,恶化了土壤原有的理化性状,丧失了生产潜力。土地污染最主要的污染源是垃圾排放,即固体废弃物排放。未经无害化处理的生活垃圾和工业垃圾有害成分进入土地后,不仅毒害土壤本身,它们还会在下雨时随雨水进入地下,造成地下水污染。此外,它们还可以在干燥刮风时随土壤尘粒飘向空中,成为大气中的污染成分。

土地污染按污染源不同,又可分为工业污染、交通运输污染、农业污染和生活污染四类。工业污染主要是工业排放的废渣、废水、废气对土地的污染,工业废气中的粉尘在土地上沉降,工业废水或污水直接渗入土壤或被引入农田,工业废渣不仅占据大量的空间,而且富含有害的化学物质及重金属成分,直接造成土壤污染。随着各种交通工具流动越来越频繁,它们排放的废气中也会间接或直接对土地产生污染。人们在日常生活中产生的各种生活污水和生活垃圾等也在不断地污染土地,其中生活固体废弃物中含的有害物质主要有:(1)过期药物类;(2)家庭装修用的油漆、涂料类;(3)含有毒重金属的废电池和灯管类;(4)废旧家电类等。土地环境内的某些因素或施加物等也会构成对其自身环境的污染,如农用塑料薄膜、农药、化肥等带来的污染。

四、温室效应及温室气体

地表因被辐射加热又以红外辐射的形式向空间散发的能量被大气中的温室气体吸收而使大气增温的现象，就叫温室效应。简单地讲，温室效应非常类似于温室大棚，阳光以可见光的形式将能量送入地球内部，加热物体，转化成热量，而此种热量只能以红外辐射的方式传播，由于红外波长特殊，无法穿透大气层中的温室气体层，也就使热量无法外放，温度逐渐升高。

温室气体主要包括水蒸气（H_2O）、臭氧（O_3）、二氧化碳（CO_2）、一氧化二氮（N_2O）、甲烷（CH_4）、氯氟碳化物类（CFCs，HFCs，HCFCs）、全氟碳化物（PFCs）及六氟化硫（SF_6）等。这些温室气体所产生的温室效应有所不同，如果增温效应以二氧化碳作为基准的话，二氧化碳（CO_2）的增温指数为1，甲烷（CH_4）的增温指数为121，氮氧化合物（N_2O）的增温指数为310，氯氟碳化物（CFCs）的增温指数为140~1170，全氟碳化物（PFCs）的增温指数为6500~9200，六氟化硫（SF_6）的增温指数为23900。据分析，目前主要温室气体对全球升温的贡献比为：二氧化碳占55%、甲烷占15%、一氧化二氮占6%，氯氟碳化物占24%。科学家指出，自1950年以来，空气中的沼气浓度每年增加1%，这是二氧化碳增长率的4倍。据估计，在今后50年里，沼气很可能成为主要的温室效应气体。

科学研究已经证明，温室气体的种类的增多与其含量的增加，与人为活动密切相关，随着大气中温室气体的增加，温室效应将加剧，从而导致地球的平均气温上升。

五、大气污染及其污染物

大气污染是指大气中污染物浓度达到有害的程度，超过了环境质量标准的现象。凡是能使空气质量变坏的物质都是大气污染物。按其存在状态可分为两大类：一类是气溶胶状态污染物；另一类是气体状态污染物。气溶胶状态污染物主要有粉尘、烟液滴、雾、降尘、飘尘、悬浮物等。气体状态污染物主要有以二氧化硫为主的硫氧化合物，以二氧化氮为主的氮氧化合物，以二氧化碳为主的碳氧化合物以及碳、氢结合的碳氢化合物等。依据大气污染物的形成过程，可将其分为一次污染物和二次污染物。一次污染物是直接从各种污染源排放到大气中的有害物质。常见的有二氧化硫、氮氧化物、一氧化碳、碳氢化合物、颗粒性物质等。二次污染物是指一次污染物在大气中相互作用或它们与大气中的正常组分发生反应所产生的新污染物。这些新的污染物与一次污染物的化学、物理性质完全不同，多为气溶胶，具有颗粒小、毒性一般比一次污染物大等特点。常见的二次污染物有硫酸盐、硝酸盐、臭氧、醛类等。

常见的大气污染物如表1。

表1　常见的大气污染物

大类	小类	常见的典型污染物
有机气体类	烃类	甲烷、丁烷、庚烷、苯、乙烯、丁二烯等
	醛、酮类	甲醛、丙酮等
	其他	卤代烃、醇、酸、过氧乙酰硝酸酯等
无机气体类	氮氧化物	NO、NO_2
	硫氧化物	SO_2、SO_3
	碳氧化物	CO、CO_2
	其他	H_2S、HF、NH_3、HCl、O_3等
颗粒类	固体颗粒	粉尘、烟雾、烟气
	液体颗粒	轻雾、喷雾

六、饮用水污染及污染物

从自来水的生产要求和技术标准来看，饮用水应该是安全的，但通常情况下存在以下三方面影响饮用水质量的因素：一是自来水厂使用被污染的水源，现在自来水生产条件下无法处理；二是自来水在漫长的输水管道中受到二次污染，造成细菌、重金属、有机物等有害物质超标；三是自来水厂普遍采用的是氯灭菌，氯灭菌需要一定的时间，然而水中各种变化的因素不同程度地影响灭菌的效果，甚至产生新的有毒物质。

饮用水中常见的污染物主要有：（1）有机氯污染物，如氯丹、氯仿、四氯化碳、四氯化氰、多氯联苯等。有机氯污染物主要来自两个方面，一是来自水源污染直接引入，二是来自氯气消毒与有机体反应的生成物。（2）石棉纤维，主要是在水过滤过程中引入；（3）铅和其他重金属（如汞、镉、硒、铜等）污染，主要来自我国普遍采用的铸铁管道的锈蚀；（4）病毒与细菌，主要原因是自来水厂对饮用水的处理不到位或在二次供水过程中滋生。

七、食品污染及食品安全

食品污染通常可以分为生物性污染、物理性污染和化学性污染。食品的生物性污染，主要包括微生物、寄生虫、昆虫及病毒的污染。食品的物理性污染，主要来源于复杂的多种非化学性的杂物。虽然有的污染物可能并不威胁消费者的健康，但严重影响了食品应有的营养价值，食品质量得不到保证，而最为严重的食品污染是化学性污染。

食品的化学性污染涉及范围较广，情况也较复杂，主要包括：（1）来自生产、生活和环境中的污染物，如农药、兽药、有毒金属、多环芳烃化合物、N-亚硝基化合物、杂环胺、二噁英、三氯丙醇等；（2）食品容器、包装材料、运输工具等接触食品时溶入食品中的有害物质；（3）滥用食品添加剂，如用"吊白块"熏蒸馒头；（4）在食品加工、贮存过程中残留或产生的物质，如酒中有害的醇类、醛类，水发食品中残留的甲醛，腌制或熏制食品中的亚硝酸盐，烤制食品中的丙烯酰胺等；（5）掺假、制假过程中加入的有害化学物质，如为改变食品的外观，恶意向食品中加入的苏丹红等。

八、装修污染及化学危害

装修污染危害是指装饰材料、家具等含有的对人体有害的物质，释放到家居、办公环境中造成的污染。2013年10月24日《民用建筑工程室内环境污染控制规范》开始实施，列出了五种主要的污染物：甲醛、苯、氨气、挥发性有机物、放射性氡。其中，家庭装饰材料中的化学污染大家最为关注。建筑装饰材料，包括各种涂料、油漆、塑料及各种黏合剂，其挥发的有毒气体就达500多种。墙壁上喷的涂料，常常含有甲苯、二甲苯等有害物质，并含有甲醛；饰顶的石膏中，常常掺入石棉，而石棉微尘是导致肺癌的重要污染物之一；胶合板、地板革、塑料贴面、壁纸等装修材料均含有甲醛和一些有机溶剂，长期释放出有毒有害的化学物质；油漆中含有铅化合物等多种物质；塑料百叶窗、塑料墙纸等都含有甲醛，使用时会挥发出异味。

装修污染物的释放时间可达3～15年，它们的危害包括：（1）造成人体免疫功能异常、肝损伤及神经中枢受影响；（2）对眼、鼻、喉、上呼吸道和皮肤造成伤害；（3）引起慢性健康伤害，减少人的寿命；（4）严重的可引起致癌、胎儿畸形等；（5）对幼儿的正常生长发育影响很大，可导致白血病、记忆力下降、生长迟缓等。

■ 绿色化学与绿色化学教育

绿色化学,又称环境无害化学、环境友好化学、清洁化学。绿色化学是人类与自然和谐的化学,是21世纪化学发展的方向和议题,它给化学家提出了一项新的挑战。我国的化学工作者在绿色化学发展方面也做了大量的研究和实践工作,并进行了卓有成效的宣传普及教育,并把绿色化学有关概念、思想、内涵等渗透到了中学化学教材的编写之中。因此,作为基础化学教育工作者,如何面对绿色化学新概念、新思想、新要求,在实际教学中,结合当前教育形势,把绿色化学教育贯穿于中学化学教学的全过程之中,仍然是一个新的研究课题。本文旨在通过对绿色化学现代内涵的介绍,从绿色化学角度分析现行的初、高中教材,提出中学化学教育教学新设想。

一、绿色化学的现代内涵

绿色化学概念一经提出,就明确了它的目标,是研究和寻找能充分利用的无毒害原材料,最大程度地节约能源,在各环节都实现净化和无污染的反应途径。它的主要特点是:①充分利用资源和能源,采用无毒、无害的原料;②在无毒、无害的条件下进行反应,以减少废物向环境排放;③提高原子的利用率，力图使所有作为原料的原子都能转化为产物；④生产出有利于环境保护、社区安全和人体健康的环境友好的产品。它的具体内涵体现在五个"R"上。

（一）减量——Raduction

"减量"是从节省资源、无污染、零排放角度提出的，包括两层意思：（1）利用最少的能源和消耗最少的原材料，获得最多的产品，理想的转化过程是"原子经济反应"，即原料分子中的原子百分之百地转变成产物，不产生副产物或废物，实现废物的"零排放"；（2）减少"三废"排放量，主要是减少废气、废水及废渣的排放量，目前情况下，"三废"排放量必须降低到一定标准以下，努力实现"三废"的"零排放"。

（二）重复使用——Reuse

重复使用是指实际工业生产中，能多次使用的物质应该不断重复使用。重复使用不仅是降低成本的需要，更是减废的需要。诸如化学工业生产过程中的催化剂及其载体、反应介质等，不仅必须保证无毒、无害、无腐蚀性，真正实现绿色化，而且从一开始就应考虑有重复使用的工艺流程设计，保证其无限次地使用。当然，为了更好地实现有关物质的重复使用，必须选择稳定性好，容易分离的催化剂、介质和溶剂。

（三）回收——Recycling

回收是指对工业生产过程中与产品无关的物质或生活废弃物进行全面的回收。回收可以有效实现"省资源、少污染、减成本"的要求，回收包括：回收未反应的原料，回收副产物（含"三废"），回收助溶剂、催化剂、稳定剂、反应介质等非反应试剂，回收生活固体废弃物等。化学工业生产中的循环操作及废旧金属、塑料等其他用品的回收，都是常见的回收方式。

（四）再生——Regeneration

再生既包括废旧物质的再生利用，也包括可再生能源、原材料的利用等。再生是变废为宝、节省资源、减少污染的有效途径，它要求化工产品生产在设计的开始，就应考虑到有关产品的再生利用，特别是高分子材料产品的再生显得尤为重要。同时，在能源与资源的开发与利用过程中，也要考虑能源与资源的可再生性。如利用生物原料代替当前广泛使用的石油，把废弃物质转化为动物饲料、工业化学品和燃料等。

（五）拒用——Rejection

拒绝使用是实现生产、生活绿色化的最根本办法。一方面，是指拒绝使用非绿色化的工业产品、食品、生活用品等，另一方面是指对一些有毒、有害，无法替代，又无法回收、再生和重复使用的原料及辅助原料等，拒绝在生产过程中使用。

总之，绿色化学基本要求是：（1）原料绿色化，以无毒、无害，可再生资源为原料；（2）化学反应绿色化，选择"原子经济性反应"；（3）催化剂绿色化，使用无毒、无害，可回收的催化剂；（4）溶剂绿色化，使用无毒、无害，可回收的溶剂；（5）产品绿色化，可再生、可回收。

二、中学化学教材中的绿色化学观

无论是原版旧教材，还是新修订的中学化学新课本，都不同程度上做到了与绿色化学要求的一致，或多或少地体现了绿色化学观。

（一）建立了与绿色化学相一致的概念

新旧高中化学课本都从不同角度建立了与绿色化学内涵相一致的有关内容。从环境保护角度介绍了环境污染、"三废"、酸雨、温室效应等概念，在介绍概念的同时还分析了有关污染的成因，燃料的充分燃烧问题，污染物的主要来源及危害，还介绍了金属的回收与资源保护、大气污染与防治、水污染与防治，空气的质量日报与周报等。从减量、减废的角度介绍了循环操作、交换剂再生、催化剂中毒等概念。

（二）工业化学渗透了绿色化学的观点

中学化学教材中的工业化学内容虽然较为分散也不系统，但都不例外地合理渗透了绿色化学观点，这些观点主要体现在：（1）为了省资源、提高转化率和原料利用率，在工业合成氨、氨氧化制硝酸、接触法制硫酸、侯氏制碱法等工艺流程中都采取了循环操作；（2）为了防止或减少环境污染的发生，氨氧化制硝酸、接触法制硫酸工艺中都增加了尾气处理装置，并介绍了尾气回收的方法及回收物的利用；（3）为了防止催化剂中毒，使催化剂重复使用，合成氨、氨氧化制硝酸、接触法制硫酸都要求对原料气、炉气进行净化。另外，教材还介绍了电镀工业中采取无氰电镀，乙炔制乙醛中使用非汞催化剂的原因等。

（三）实验内容充分体现了绿色化学原理

在中学化学课本的编制和修订过程中，有关实验内容安排也充分体现了绿色化学原理：（1）对常见实验的固液试剂的取用给出了限量要求；（2）在教材修订时删除了有一定危险或危害的 H_2S、NO、NO_2 等气体制备实验；（3）介绍了闻气体的方法；（4）强调了实验中常见的事故避免、应急处理等；（4）介绍了特殊试剂的保存和使用原则及方法；（6）在新编初中化学课本中引入了减量、减废的微型化学实验；（7）在氯气等气体制备实验中强调了尾气的处理办法。

（四）有关物质的内容编排中，考虑到了绿色化学因素

课本在有关元素化合物、有机化合物的内容编排中从绿色化学角度有重点地介绍了有毒物质的性质、使用、保存等：（1）介绍了氯气、硫化氢、一氧化碳、一氧化氮、二氧化氮、硝基苯、白磷、溴、苯酚等有毒物质的毒性及使用方法，甚至用黑体字写出加以强调；（2）在选学内容及阅读材料中讲述了二氧化硅粉尘的危害、合成洗涤剂的益处与危害等；（3）讲述了臭氧空洞的成因，氟氯烃化合物的环境危害等。

三、绿色化学与中学化学教学

现代社会生活、经济发展呼唤绿色化学，绿色化学的新观点、新思想也需要及时向社会传播，中学化学教育工作者理应承担起这个义务与责任。如

何在中学化学教学的过程中体现绿色化学思想，在潜移默化中对学生进行绿色化学观念的教育呢？

（一）在素质教育中体现绿色化学思想

素质教育是面向全体学生的教育，同时又是每个学生全面发展的教育，中学化学教育也应该面向全体学生，旨在提高每个学生的素质。在素质教育中体现绿色化学思想，既是传播绿色化学观点的需要，也是培养学生对社会责任感的需要，更是培养创新精神的需要。

1.围绕绿色化学观点，实施环境教育

绿色化学要求与环境教育的宗旨是高度一致的，在实施环境教育时，必须围绕绿色化学观点进行。在实施环境教育过程中，一方面要向学生阐明绿色化学的观点、要求，使他们树立起防治污染、保证人类生存质量的责任感；另一方面，结合绿色化学要求，教给学生防治污染的重要方法。

2.以绿色化学教育为载体开展创造性教育

培养学生创新精神是素质教育的灵魂，绿色化学对化工生产，化学实验提出的新要求，无疑是培养创新能力和创造性思维的原动力。第一，"减量、减废"的实验要求，可激发学生对传统化学实验进行改革，培养学生创新能力；第二，"省资源、无污染、零排放"的化工生产要求，可鼓励学生对化学课本中的化工生产工艺流程进行质疑，培养学生创造性思维。

（二）在实验教学中贯彻绿色化学观点

中学化学实验教学与绿色化学联系最为紧密、最为直接。因此，为了适应绿色化学新要求，中学化学实验必须进行改革。

（1）要大力推行微型实验，即要对常见实验仪器进行微缩，对常用试剂要给出限量，实验中除了可使用井穴板等微型仪器，还可以把容量瓶、烧瓶、启普发生器等微型化。微型化实验现象不明显时，可借助现代化辅助教学手段把实验结果放大。

（2）要努力改革实验方式，即要努力减少实验对玻璃仪器的依赖性。有些颜色变化明显的定性实验可放在点滴板中进行，如指示剂与酸或碱作用实验、Fe^{3+}的显色实验等，有些定性实验可放在滤纸上完成，如电解饱和食盐水、检验醛基存在等。

（3）要设法删改有关实验，现行化学课本中有些实验仍有危险性，需要进行删改：考虑到硝基苯及苯的毒性，硝基苯、溴苯制备实验可以删去；考虑到 CO、NO、NO_2、SO_2的毒性；在炭还原氧化铜、Cu 与浓硫酸反应、炭与浓硫酸和浓硝酸反应等实验中可以连接尾气装置；考虑到安全性，对 H_2 和 O_2、Cl_2 与 H_2 等的爆鸣实验可以进行改进。

环境中无处不在的隐形杀手——甲醛

甲醛因其直接影响到广大消费者的生活质量，甚至会危及人们的生命，现在成为广大消费者关注的焦点。甲醛到底会造成哪些毒害，甲醛的污染源在哪里，如何消除甲醛的污染等，大多数消费者仍然不清楚。因此，告诫广大消费者警惕人类环境中无处不在的隐形杀手，防患于未然十分必要。

一、甲醛的毒性

甲醛已经被世界卫生组织确定为致癌和致畸物质。甲醛的毒性表现在对人的皮肤和呼吸器官有较大影响，具有强烈的致癌和促癌作用。甲醛对人体健康的影响主要表现在嗅觉异常、肺功能异常、肝功能异常和免疫功能异常等方面。长期接触低剂量甲醛可引起慢性呼吸道疾病，引起鼻咽癌、结肠癌、白血病等。在所有接触者中，儿童和孕妇对甲醛尤为敏感，危害也就更大，儿童白血病患病率逐年升高，很大程度与儿童长期接触甲醛有关。以下是甲醛含量超标造成的早期毒害症状：（1）有刺激性异味和不适感；（2）刺激眼睛流泪，黏膜水肿；（3）咽喉不适，黏膜水肿疼痛，皮肤过敏；（4）头痛、恶心、呕吐、咳嗽、胸闷、气喘、全身无力、心悸失眠；（5）引起持久性头痛、肺炎、肺水肿、丧失食欲，甚至导致死亡。

二、甲醛的存在与来源

生活中对人体造成伤害的甲醛，可以说无处不在，涉及物品包括家具、木地板，童装、免烫衬衫，快餐面、米粉，水泡鱿鱼、海参、牛百叶、虾仁，甚至小汽车……不难看出，衣、食、住、行——我们生活最重要的四件事，甲醛竟然全部"染指"了，无处不在的甲醛让人忧心忡忡。

（一）纺织物中的甲醛

甲醛在纤维制品中，主要用于染色助剂以及提高防皱、防缩效果的树脂整理剂。甲醛既可以使得纺织物的色泽鲜艳亮丽，保持印花、染色的耐久性，又能够使棉织物防皱、防缩。因此，甲醛被广泛应用于纺织工业中。目前，用甲醛印染助剂比较多的是纯棉纺织品，市售的"纯棉防皱"服装或免烫衬衫，大都使用了含甲醛的助剂，穿着时可能释放出甲醛。童装中的甲醛主要来自保持童装颜色鲜艳的染料和助剂产品，以及服装印花中所使用的黏合剂。因此，色彩浓艳和带印花的服装一般甲醛含量偏高，而素色服装和无印花图案童装甲醛含量则较低。这些含有甲醛的服装在贮存、穿着过程中都会释放出甲醛，特别是儿童服装和内衣释放的甲醛所产生的危害性最大。

（二）食品中的甲醛

甲醛为国家明文规定的禁止在食品中使用的添加剂，在食品中不得检出，但不少食品中都不同程度检出了甲醛的存在。（1）存在于水发食品中。由于甲醛可以保持水发食品表面色泽光亮，增加韧性和脆感，改善口感，还可以防腐，如果用它来浸泡海产品，可以固定海鲜形态，保持鱼类色泽。因此，甲醛已经被不法商贩广泛用于泡发各种水产品中。目前，市场上已经检出甲醛的水发食品主要有：鸭掌、牛百叶、虾仁、海参、鱼肚、鲳鱼、章鱼、墨鱼、带鱼、鱿鱼头、蹄筋、海蜇、田螺肉、墨鱼仔等，其中虾仁、海参和鱿鱼中的甲醛含量较高。（2）存在于面食、蘑菇或豆制品中。甲醛可以增白，改变色泽，故甲醛常被不法商贩用来熏蒸或直接加入面食、蘑菇或豆制品中，不法商贩用"吊白块"熏蒸有关食品增白时，也会在食品中残留甲醛。已经检出甲醛的有关食品有：香菇、花菇、米粉、粉丝、腐竹等。

（三）家具及装饰材料中的甲醛

室内空气中甲醛已经成为影响人类身体健康的主要污染物，特别是冬天的空气中甲醛对人体的危害最大。目前我国家庭空气中的甲醛来源主要有以下几个方面：（1）用作室内装饰的胶合板、细木工板、中密度纤维板和刨花板等人造板材。生产人造板使用的胶黏剂以甲醛为主要成分，板材中残留的和未参与反应的甲醛会逐渐向周围环境释放，是形成室内空气中甲醛的主体。（2）用人造板制造的家具。一些厂家为了追求利润，使用不合格的板材，或者在粘接贴面材料时使用劣质胶水，板材与胶水中的甲醛严重超标。（3）含有甲醛成分并有可能向外界散发的其他各类装饰材料，如贴墙布、贴墙纸、化纤地毯、油漆和涂料等。

室内空气中甲醛浓度的大小与以下四个因素有关：室内温度、室内相对湿度、室内材料的装载度（即每立方米室内空间的甲醛散发材料表面积）、室内空气流通量。在高温、高湿、负压和高负载条件下会加剧甲醛散发的程度。

（四）来自其他情况的甲醛

甲醛还可来自生活的其他方面。（1）甲醛可来自化妆品、清洁剂、杀虫剂、消毒剂、防腐剂、印刷油墨、纸张等。（2）泡沫板条作为房屋隔热、御寒与绝缘材料时，在光照和高温下泡沫易老化、变质产生合成物而释放甲醛。（3）烃类经光化学反应能生成甲醛气体，有机物经生化反应也能生成甲醛，在燃烧废气中也含有大量的甲醛，如每燃烧1000 L汽油可生成7 kg甲醛气体，甚至点燃一支香烟也有0.17 mg甲醛气体生成。（4）甲醛还来自车椅座套、坐垫和车顶内衬等车内装饰装修材料，以新车甲醛释放量最为突出。（5）甲醛也来自室外空气的污染，如工业废气、汽车尾气、光化学烟雾等在一定程度上均可排放或产生一定量的甲醛。

三、消除甲醛危害的办法

尽管甲醛无处不在，但只要我们注意观察环境变化，采取恰当的办法，就可以消除或减少甲醛对环境的污染或对人体的损害。

（一）消除甲醛污染的技术

目前，消除甲醛污染的技术主要包括以下几方面：（1）物理技术，利用各种空气净化器，通过对室内甲醛等污染物质进行吸附而消除甲醛污染的方法。（2）催化技术，也称冷触媒技术，以多元多相催化为主，结合超微过滤，对室内甲醛等有害气体进行催化分解。（3）化学反应技术，以各种除味剂和甲醛捕捉剂为代表，通过化学反应，破坏甲醛气体的分子结构以达到提高室内空气质量的目的。最好结合装修工程使用，可以有效减少人造板材中的游离甲醛。（4）材料封闭技术，对于各种人造板中的甲醛，目前已经研制出一种封闭材料，称作甲醛封闭剂，用于家具和人造板材内的甲醛气体封闭，可涂刷于未经油漆处理的家具内壁板和人造板，以降低各种人造板中的甲醛释放量。

（二）防治甲醛污染的办法

避免甲醛污染或减少甲醛的危害重在防，防治甲醛污染及减少甲醛危害的方法主要有：（1）注意室内通风换气，特别是新装修的房屋，一定要充分换气三周左右方可入住；（2）在使用人造板材和选择家具、壁纸（布）、化纤地毯、油漆、涂料、服装、箱包和鞋类时，要多从环保角度考虑，要闻气味和看产品质量证书，特别是甲醛含量高的大芯板要少用或不用；（3）购买水发制品、面食、豆制品、蘑菇等食品时不能一味注重色泽，有异味或色泽太亮的不要购买。